Amanda Jenkins · Dallas Jenkins · Kristen Hendricks

Unterwegs mit Jesus

Andachten

AMANDA JENKINS · DALLAS JENKINS · KRISTEN HENDRICKS

UNTER-WEGS MIT JESUS

ANDACHTEN

Aus dem amerikanischen Englisch
von Karoline Kuhn

The CHOSEN

SCM
R.Brockhaus

SCM

Stiftung Christliche Medien

SCM R.Brockhaus ist ein Imprint der SCM Verlagsgruppe, die zur Stiftung Christliche Medien gehört, einer gemeinnützigen Stiftung, die sich für die Förderung und Verbreitung christlicher Bücher, Zeitschriften, Filme und Musik einsetzt.

MIX
Papier | Fördert gute Waldnutzung
FSC® C014496
FSC www.fsc.org

Max-Eyth-Str. 41 · 71088 Holzgerlingen
Internet: www.scm-brockhaus.de; E-Mail: info@scm-brockhaus.de

Originally published in English under the title
THE CHOSEN Book Three: 40 Days with Jesus.
This book was first published in the United States by
BroadStreet Publishing Group LLC, 8646 Eagle Creek Circle, Suite 210,
Savage, MN 55378,

Übersetzung: Kuhn, Karoline
Lektorat: Imke Früh
Umschlaggestaltung: Sybille Koschera, Stuttgart
Satz: typoscript GmbH, Walddorfhäslach
Druck und Bindung: GGP Media GmbH, Pößneck
Gedruckt in Deutschland
ISBN 978-3-417-00044-3
Bestell-Nr. 227.000.044

INHALT

VORWORT

Als unsere fünfjährige Tochter Lenya fünf Tage vor Weihnachten unerwartet in den Himmel umzog, gab es einige Dinge, über die wir uns keine Gedanken machten. Wir haben uns zum Beispiel nie gefragt, wo sie ist. Wir wussten von Anfang an, dass sie im Paradies ist. Wir haben nie daran gezweifelt, dass Gott gut ist und dass er noch einen Plan für uns hat. Glaube gedeiht manchmal an merkwürdigen Orten. Wir haben uns nie gefragt, ob wir von Gott vergessen, verlassen oder verraten worden sind. Gott war spürbar bei uns und schenkte uns Frieden. Und wir haben uns auch nie Sorgen darüber gemacht, ob wir Lenya wiedersehen würden. Aber eine Sache, die mich um drei Uhr morgens schweißgebadet aus dem Schlaf hochschrecken ließ, war die Frage, wer genau sich im Himmel um sie kümmert. Ich meine, der Himmel ist vermutlich echt riesig. Ob vielleicht Ruth sie in Empfang genommen hat? Ob Esther ihre Hand hält? Ich weiß, dass sie in Sicherheit ist, aber wer ist tatsächlich für sie da? Sie ist schließlich noch so klein.

The Chosen habe ich mir angeschaut, nachdem meine Frau mich dazu gedrängt hat. Was mich umgehauen hat, war die Art und Weise, wie kreativ und wunderbar Jesus dargestellt ist. Seine warmherzigen Augen. Sein Sinn für Humor. Seine

Menschlichkeit. Es ist leicht, diese Seite von Jesus zu übersehen. Der rucksacktragende, auf der Hochzeit tanzende, unauffällige, scherzende, freundlich blickende Jesus. Heilig, aber nicht fromm. Nahbar. Lustig. Wild. Ein Retter, mit dem Kinder gern zusammen sind.

Vor *The Chosen* hatte ich Darstellungen des Messias gesehen, die mich zur Anbetung führten, aber nicht den Wunsch in mir weckten, mit Jesus was trinken zu gehen oder ihn als Babysitter zu engagieren. *The Chosen* zeigt einen Jesus, für den ich auf einen Baum klettern würde, um ihm zuzuhören. Und ich würde supergern danach mit ihm Pizza essen gehen.

Jesus im Umgang mit Kindern zu beobachten hat mich zu Tränen gerührt und mein Herz getröstet. Die Vorstellung, dass Jesus sich so um mein kleines Mädchen kümmert, hat meine Seele geheilt und mein Herz singen lassen. *The Chosen* präsentiert den gleichen Jesus, der in der Heiligen Schrift beschrieben ist, auf eine fast schon schockierend neue, wunderbar warme Weise. Diesem Jesus möchte ich folgen. Ich lese die Heilige Schrift mit neuer Begeisterung und neuem Staunen.

Und so kam ich dem kleinen Geheimnis von Dallas und seiner Frau Amanda auf die Schliche: Es geht ihnen gar nicht darum, eine coole Serie zu produzieren. Eigentlich wollen sie Menschen neu für Jesus begeistern. Und mich haben sie voll erwischt.

Es ist leicht, blind zu werden für Dinge, die wir schon lange kennen. So kann es uns auch mit der Bibel gehen. Die Pharisäer suchten in der Heiligen Schrift nach Leben, aber sie übersahen, dass sich die ganze Geschichte von der Genesis bis zur Offenbarung letztlich immer um Jesus dreht. Es ist ein bisschen mühsam, den gewohnten Trott zu verlassen und die Bibel so zu entdecken, dass Jesus darin lebendig wird. Wir müssen uns jeden Tag neu vornehmen, Gottes Wort so zu lesen, wie wir es noch nie zuvor gelesen haben.

Mein Gebet für dich ist, dass *The Chosen* bei dir etwas in Bewegung bringt – so wie bei mir und Millionen anderen – und dass deine vorgefassten Meinungen erschüttert und alte Glaubensformeln durch eine lebendige Begegnung mit Jesus ersetzt werden. Lass dich ein auf das Abenteuer, das dieses Andachtsbuch dir eröffnet. Hol dir einen Kaffee, mach dir etwas zu essen, setz dich in deinen Lieblingssessel oder klettere auf einen Baum. Bitte Gott, die Augen deines Herzens zu öffnen und dir dabei zu helfen, die herrlichen Wahrheiten in seinem Wort zu entdecken. Diese 40-tägige Reise könnte alles verändern, denn sie bietet dir einen Raum, in dem du dir selbst begegnen kannst – und dem, nach dem sich dein Herz schon immer sehnt.

In C. S. Lewis' *Die Chroniken von Narnia* verbringen Lucy und Susan viel Zeit mit Aslan, dem Löwen, der Christus repräsentiert. Und später fiel es ihnen schwer zu sagen, ob das Zusammensein mit ihm eher wie das Spielen mit einem Kätzchen oder das Ringen mit einem Gewittersturm war. Diese Mischung, diese Spannung, diese Schönheit ist es, was dich auf den folgenden Seiten erwartet.

Los geht's!

Levi Lusko
Pastor der Fresh Life Church in den USA

EINFÜHRUNG

Dieses Buch unterscheidet sich ein bisschen von seinen Vorgängern. Unser erstes *The Chosen*-Andachtsbuch war eine Einführung in die Geschichte von Jesus und seinen Anhängern. Der Fokus lag dabei auf der Erkenntnis, dass wir (wie sie) auserwählt sind – und zwar schon »vorher«, also bereits zu einem Zeitpunkt, als wir noch zerbrochene Versionen unserer selbst waren. Aber dann kam Jesus und rettete uns. Er veränderte uns, machte uns ihm ähnlicher … und unserem alten Selbst immer unähnlicher.

Das zweite Andachtsbuch setzte dort an, wo das erste endete: Es versuchte, die Frage zu beantworten, was es wirklich bedeutet, Jesus zu folgen. Unsere Identität aus ihm zu ziehen. Seinem Willen und seinem Weg zu folgen. Dorthin zu gehen, wohin er geht, und die Dinge zu tun, die er tut.

Dieses dritte Buch nun bringt das Thema Nachfolge auf ein ganz neues Level. Und das ist unserer Meinung nach auch sehr wichtig. Denn die Welt ist nicht gerade nett zu Leuten, die glauben, dass Jesus Christus Gottes Sohn ist. Weil Jesus so umstritten ist, brauchen wir als seine Anhänger besonders viel Klarheit und Überzeugung, unerschütterliche Entschlossenheit und ein stabiles Rückgrat. Nicht nur wegen der Feindseligkeiten, denen wir in der Welt begegnen, sondern vor allem auch, weil Gott es sich so für uns wünscht.

> *»Du bist weder kalt noch heiß. Ach, wärst du doch das eine oder das andere! Aber du bist lau, und deshalb werde ich dich ausspucken.«*
> *Offenbarung 3,15-16*

Jesus liebt uns und hat einen Weg gefunden, uns zu retten. Er bietet uns radikale, unverdiente und unendliche Gnade an: von dem Moment, in dem wir ihn als Herrn annehmen, bis zu unserem letzten Atemzug (vgl. Johannes 1,16). Das ist wahr. Aber etwas anderes ist genauso wahr – auch wenn es in unserer Kultur noch so unpopulär sein mag: Jeder andere Weg führt letztlich in die Irre (vgl. Johannes 3,36), und Jesus selbst wird am Ende der Zeiten über alle Menschen richten (vgl. Offenbarung 20,11-15).

Das bringt uns zu diesem Buch und einer unbequemen, aber zugleich liebevollen Ermahnung: Jesus will keine passiven Anhänger. Er möchte, dass wir ihm aktiv folgen: dass wir ihn suchen, uns um Verständnis bemühen, lernen zu beten, an der Wahrheit festhalten, die Lüge ablehnen, Gottes Wort gehorchen und in schwierigen Situationen durchhalten.

Jesus will Anhänger, die ihm leidenschaftlich folgen, bis ans Ende der Welt. Wir sollen nicht laue, sondern glühend heiße Nachfolger sein.

»Vor Gott und vor Jesus Christus, der über die Lebenden und die Toten Gericht halten wird, beschwöre ich dich – ja, angesichts dessen, dass er für alle Welt sichtbar kommen und seine Herrschaft antreten wird, fordere ich dich auf: Verkünde den Menschen Gottes Botschaft. Setz dich dafür ein, ob es den Leuten passt oder nicht! Rede ihnen ins Gewissen, weise sie zurecht, aber ermutige sie auch. Tu all das geduldig und so, wie es der Lehre unseres Glaubens entspricht. Denn es wird eine Zeit kommen, in der die Menschen von der gesunden Lehre nichts mehr wissen wollen. Sie werden sich nach ihrem eigenen Geschmack Lehrer aussuchen, die ihnen nur nach dem Munde reden. Und weil ihnen die Wahrheit nicht gefällt, folgen sie allen möglichen Legenden.«
2. Timotheus 4,1-4

Tag 1

DIE ARMEN VOR GOTT

»Glücklich sind, die erkennen, wie arm sie vor Gott sind, denn ihnen gehört sein himmlisches Reich.«
Matthäus 5,3

In seiner berühmten Bergpredigt spricht Jesus über Menschen, die arm sind. Damit meint er aber nicht Menschen, die kein Geld haben, obwohl es finanzielle Armut manchmal erleichtert, sich die eigene innere Armut bewusst zu machen. Mangel jeglicher Art birgt die Chance, unser Herz weich zu machen und unsere wahre Not zu offenbaren. Umgekehrt kann äußerer Reichtum es erschweren, innerlich leer und »arm« zu werden. Denn oft fördert er Selbstzufriedenheit oder auch Stolz – beides Feinde jener Bescheidenheit, die erforderlich ist, um Raum für Gott zu schaffen.

Die »Armen«, von denen Jesus in der Bergpredigt spricht, sind Menschen, die bereit sind, ihre Bedürftigkeit einzugestehen und Gott um Hilfe zu bitten. Denn wenn wir unseren eigenen geistigen Bankrott erkennen – unsere Unfähigkeit, uns selbst von der Sünde und ihren Folgen zu retten –, macht uns das sehr schnell sehr demütig. Und wenn wir klug sind, bleiben wir es auch. Arm vor Gott zu sein bedeutet, innerlich vor Jesus auf die Knie zu fallen. Es bedeutet, unser Vertrauen auf unseren Erlöser zu setzen und von ihm Hilfe zu erwarten, anstatt uns nur auf unsere eigene Leistungsfähigkeit zu verlassen.

Jesus brachte seinen Schülern eine neue und ungewöhnliche Art zu leben bei: eine völlig neue innere Einstellung zu ihrem Alltag und ein Leben in dem Bewusstsein um ein Reich, das nicht von dieser Welt ist. Er brachte ihnen nicht nur bei, wie sie gute Entscheidungen treffen und Gottes Wort gehorchen konnten, sondern eröffnete ihnen auch eine neue Realität. Sein Schwerpunkt lag darauf, seinen Freunden klarzumachen, dass dieses Leben hier nicht alles ist.

Jesus kam auf die Erde und brachte sich selbst mit – einschließlich seiner Zugehörigkeit zu Gottes Reich. Er selbst ist der Weg mitten hinein in Gottes Wirklichkeit. Wenn wir uns auf ihn einlassen, sind wir dabei, auch wenn wir noch hier auf der Erde leben. Und das zu wissen, verändert alles.

Wir sind hier, aber nur für kurze Zeit. Unsere Umstände sind kompliziert, aber nicht für immer. Unser Schmerz und unsere Trauer sind real, aber nur für eine Weile. Sünde, Krankheit und Streit sind Teil unseres Lebens, aber nur für den Moment.

Was gehört noch zu unserem Leben auf dieser Erde?

1. Direkter Zugang zum König. Wir können uns tatsächlich dem Gott des Universums nähern.

»Und so, liebe Brüder und Schwestern, können wir jetzt durch das Blut, das Jesus Christus am Kreuz für uns vergossen hat, frei und ungehindert ins Allerheiligste eintreten. Christus hat den Tod auf sich genommen und damit den Vorhang niedergerissen, der uns von Gott trennte. Durch seinen geopferten Leib hat er uns einen neuen Weg gebahnt, der zum Leben führt. Er ist unser Hoherpriester und herrscht nun über das Haus Gottes, seine Gemeinde. Darum wollen wir zu Gott kommen mit aufrichtigem Herzen und im festen Glauben; denn das Blut von Jesus Christus hat uns von unserem schlechten Gewissen befreit, und unser Körper wurde mit reinem Wasser von aller Schuld reingewaschen.«
Hebräer 10,19-22

2. Zugang zur Macht des Königs. Wir sind keinesfalls machtlos und nicht allein in dieser Welt.

»Jesus Christus hat uns in seiner göttlichen Macht alles geschenkt, was wir brauchen, um so zu leben, wie es ihm

gefällt. Denn wir haben ihn kennen gelernt; er hat uns durch seine Kraft und Herrlichkeit zu einem neuen Leben berufen.«
2. Petrus 1,3

3. Die Aufmerksamkeit des Königs. Jesus selbst setzt sich beim Vater für uns ein.

»Wer wollte es wagen, sie zu verurteilen? Keiner, denn Jesus Christus ist für sie gestorben, ja, mehr noch: Er ist vom Tod auferweckt worden und hat seinen Platz an Gottes rechter Seite eingenommen. Dort tritt er jetzt vor Gott für uns ein. Was also könnte uns von Christus und seiner Liebe trennen? Leiden und Angst vielleicht? Verfolgung? Hunger? Armut? Gefahr oder gewaltsamer Tod? Mitten im Leid triumphieren wir über all dies durch Christus, der uns so geliebt hat. Denn ich bin ganz sicher: Weder Tod noch Leben, weder Engel noch Dämonen, weder Gegenwärtiges noch Zukünftiges noch irgendwelche Gewalten, weder Hohes noch Tiefes oder sonst irgendetwas auf der Welt können uns von der Liebe Gottes trennen, die er uns in Jesus Christus, unserem Herrn, schenkt.«
Römer 8,34-35.37-39

4. Die Gegenwart des Königs. Gott ist die ganze Zeit bei uns. Immer. In allem.

»Dann werde ich den Vater bitten, dass er euch an meiner Stelle einen anderen Helfer gibt, der für immer bei euch bleibt. Dies ist der Geist der Wahrheit. Die Welt kann ihn nicht aufnehmen, denn sie ist blind für ihn und erkennt ihn nicht. Aber ihr kennt ihn, denn er bleibt bei euch und wird in euch leben.«
Johannes 14,16-17

Das »himmlische Reich« ist jetzt schon da, mitten in unserem Alltag. Allen, die das begreifen und sich Jesus ganz überlassen, eröffnet das eine ganz neue Art, diese kaputte Welt, in der wir leben, zu sehen, zu verstehen und in ihr zu navigieren. Denn egal, welchen Mangel wir leiden, wir stehen unter dem Schutz und der liebevollen Fürsorge des Königs – wir sind Teil seines Reichs. Und das ändert tatsächlich alles.

Gebetsfokus

Bitte Gott, dich immer wieder an diese Bibelverse zu erinnern, während du dich auf die herausfordernden Themen in diesem Buch einlässt, damit sie ein Anker für dich werden. Bitte Jesus darum, dir zu helfen, zur »Armut vor Gott« zu finden und ganz zu ihm zu gehören. Bete, dass dein Herz und deine Hoffnung durch seinen Geist verändert und erneuert werden.

Du kannst ihm schon im Voraus danken, denn er wird diese Bitten gerne erfüllen.

Die nächsten Schritte

- Überlege dir, warum Mangel es manchmal leichter macht, sich Jesus zuzuwenden. Wo hast du das selbst schon erlebt?
- Wo erlebst du, dass Gottes himmlisches Reich sich schon hier auf der Erde ausbreitet?
- Durch Jesus hast du Zugang zum König aller Könige. Wie verändert dieses Wissen die Art und Weise, wie du über Schwierigkeiten in deinem Leben denkst?

Tag 2

DIE VERFOLGTEN

»Glücklich sind, die verfolgt werden, weil sie nach Gottes Willen leben; denn ihnen gehört sein himmlisches Reich. Glücklich könnt ihr euch schätzen, wenn ihr verachtet, verfolgt und verleumdet werdet, weil ihr mir nachfolgt. Ja, freut euch und jubelt, denn im Himmel werdet ihr dafür reich belohnt werden! Genauso hat man die Propheten früher auch schon verfolgt.«
Matthäus 5,10-12

Jesus hatte Simon den Beinamen Petrus gegeben, denn er sollte der Fels sein, auf den Jesus seine Gemeinde bauen würde (vgl. Matthäus 16,18). Fast drei Jahrzehnte später schrieb Petrus in einem Brief an seine Gemeindemitglieder:

»Ihr aber seid ein von Gott auserwähltes Volk, seine königlichen Priester, ihr gehört ganz zu ihm und seid sein Eigentum. Deshalb sollt ihr die großen Taten Gottes verkünden,

der euch aus der Finsternis befreit und in sein wunderbares Licht geführt hat.«
1. Petrus 2,9

Petrus schrieb seinen Brief an Christen, die vor der Bedrohung durch die römische Besatzung aus Jerusalem geflohen waren und nun verstreut im Exil lebten. Es war eine schwierige Zeit für die junge Kirche. Anfangs war das Verhältnis zwischen Christen und römischer Regierung ganz entspannt gewesen. Aber als die christliche Gemeinde wuchs und die Botschaft des Evangeliums sich rasant verbreitete, wurden die Christen zunehmend als Bedrohung wahrgenommen und entsprechend verfolgt.

Es überrascht nicht, dass einige der Gläubigen den Aussagen von Petrus nicht so ganz zustimmen konnten. Ähnlich wie bei ihren Vorfahren, die vierzig Jahre durch die Wüste gezogen waren, schien ihre Identität als Gottes »auserwähltes Volk« und »seine königlichen Priester« nicht so richtig mit ihren Lebensumständen übereinzustimmen. Sie sahen weder besonders königlich aus noch fühlten sie sich so. Und manch einer mochte sich fragen, ob diese ganze Auserwählten-Nummer die Strapazen überhaupt wert war. Da Petrus das gut nachfühlen konnte, erinnerte er die verfolgte Gemeinde daran, dass Gottes Segen nicht unbedingt gleichbedeutend ist mit Bequemlichkeit oder Beliebtheit.

Petrus ermutigte die verfolgte Gemeinde auf eine ähnliche Weise, wie Mose die Israeliten in der Wüste ermutigt hatte, als er sagte: *»Denn ihr seid ein heiliges Volk – ihr gehört ganz dem HERRN, eurem Gott. Er hat euch aus allen Völkern der Welt zu seinem Eigentum erwählt« (5. Mose 7,6).*

Viel Zeit verging zwischen der Wüstenwanderung der Israeliten und der Entstehung der frühen Kirche. Vieles hat sich verändert. Aber eines ist bis heute gleich geblieben: Auserwählt zu sein, macht nicht immun gegen Diskriminierung, Beleidigung oder Verfolgung. Im Gegenteil, manchmal scheint es all das sogar zu begünstigen.

Aber Gottes Verheißung sprengt die Grenzen von Raum und Zeit. Und vielleicht ist das der Grund dafür, warum Mose und Petrus für einige Minuten auf dem Berg der Verklärung zusammentrafen. Gemeinsam standen sie neben Jesus und hörten, wie der Vater sagte: *»Dies ist mein geliebter Sohn, über den ich mich von Herzen freue. Auf ihn sollt ihr hören!« (Matthäus 17,5).*

Sie haben auf ihn gehört. Und Petrus ermutigte seine Generation, indem er ein Loblied anstimmte: auf den Gott, der uns aus der Finsternis in sein wunderbares Licht ruft. Trotz all der Beleidigungen, Verfolgungen und falschen Anschuldigungen war Petrus voller Freude. Er wusste, dass seine Belohnung im Himmel groß sein würde. Denn er hatte mit eigenen Augen einen Blick darauf erhascht, als er auf jenem Berg neben den beiden Propheten stand. Mit ihnen war er auf besondere Weise verbunden. Denn auch sie wurden für ihre Treue zu Gott verfolgt.

Auch wir leben heute in einer herausfordernden Zeit. Vielleicht werden wir nicht direkt verfolgt. Aber unsere Lebensumstände scheinen manchmal auch nicht so ganz zu unserer Identität als Kinder Gottes zu passen. Es kann schwer sein, sich angesichts von Abwertung, Spott und Benachteiligung königlich und auserwählt zu fühlen. Aber auch für uns gilt: Segen ist nicht gleichzusetzen mit Bequemlichkeit oder Beliebtheit. Gott treu zu sein und auf Jesus zu hören, kann unvorteilhaft und unbequem sein. Aber es lohnt sich trotzdem. Die Verbundenheit mit Gott schenkt uns einen inneren Frieden, den wir nirgends sonst finden können. Und wie Petrus, Mose, Elia und all die anderen Gläubigen, die vor uns gelebt haben, werden auch wir eines Tages den verherrlichten Jesus mit eigenen Augen sehen.

Gebetsfokus

Wenn du beschimpft, verspottet, belächelt oder ungerecht behandelt wirst, weil du an Jesus glaubst, bete um die richtige Perspektive. Bitte Gott, dir zu helfen, trotz allem entspannt und fröhlich bleiben zu können. Danke ihm für das Privileg, mit ihm leben zu dürfen, auch wenn es dich etwas kostet (vgl. Apostelgeschichte 5,41), und bitte ihn, deinen Blick auf die Herrlichkeit zu richten, die dich erwartet.

Die nächsten Schritte

- Wo hat dein Glaube dich schon mal etwas gekostet?
- Fällt es dir schwer, dich als Gottes auserwähltes Königskind zu fühlen, wenn deine Lebensumstände herausfordernd sind? Warum bzw. warum nicht?
- Wie leicht oder schwer fällt es dir, dich trotz allem, was in der Welt vor sich geht, zu freuen und fröhlich zu bleiben? Welche praktischen Schritte könntest du gehen, um Jesus und die Vorfreude auf den Himmel mehr in den Blick zu nehmen?

Tag 3

LIEBE DEINE FEINDE

»Es heißt bei euch: ›Liebe deinen Mitmenschen und hasse deinen Feind.‹ Doch ich sage euch: Liebt eure Feinde und betet für die, die euch verfolgen! So erweist ihr euch als Kinder eures Vaters im Himmel. (...) Ihr aber sollt in eurer Liebe vollkommen sein, wie es euer Vater im Himmel ist.«
Matthäus 5,43-45.48

Wer weiß, woher die Menschen damals den Spruch hatten: »Liebe deine Nächsten und hasse deinen Feind.« Es war vielleicht zunächst nur eine Redensart. Aber irgendwann wurde das levitische Gesetz überarbeitet, um es an menschliche Vorlieben anzupassen. Und dazu gehörte offenbar auch, bestimmte Menschen zu hassen.

Ursprünglich war es Mose, der die Sache mit der Feindesliebe festgehalten hatte. Das Leben in der Wüste war nicht einfach, und Gott sagte ihm, er solle neue Gebote an das Volk weitergeben. Seine Anweisungen enthielten auch Sätze wie:

»Ihr sollt heilig sein, denn ich, der HERR, euer Gott, bin heilig« (3. Mose 19,2) und *»Hege keinen Hass gegenüber deinem Mitmenschen!« (3. Mose 19,17).*

Da die Wahrheit immer wiederholt werden muss – und auch gelegentlicher Korrektur bedarf, wenn sie bis zur Unkenntlichkeit verstümmelt wurde –, sprach Jesus in der Bergpredigt das Thema nicht nur an, sondern ging gleich noch einen Schritt weiter: Es genügte ihm nicht zu sagen, dass wir unsere Feinde nicht hassen sollen. Nein, er ging so weit zu fordern, dass wir sie aktiv lieben sollen. Und er empfahl den Menschen nachdrücklich, für ihre Feinde zu beten. Also ungefähr so: »Nehmt euch Zeit, in ihrem Namen für ihr tatsächliches Wohl einzutreten, anstatt Gott darum zu bitten, sie zu vernichten und in Vergessenheit geraten zu lassen.«

Das war und ist eine große Aufgabe. Einen Nachbarn, der uns schikaniert, nicht zu hassen, kann schon schwer genug sein. Aber korrupte Pharisäer und unterdrückende Römer genug zu lieben, um für sie zu beten, das scheint nahezu unmöglich. Aber genau wie Gott die Israeliten in der Wüste durch Mose ermahnte, heilig und vollkommen zu sein, spricht auch Jesus davon, dass wir als seine Nachfolger in unserer Liebe vollkommen sein sollen.

Die Wahrheit ist, dass es nur einen Weg gibt, diese Vollkommenheit zu erreichen. Und der besteht darin, ein vertrauensvolles und beständiges Zwiegespräch mit dem Vater zu führen. Wir können dieses Gebot sozusagen rückwärts leben. Wenn wir anfangen, für die Menschen zu beten, die wir eigentlich furchtbar finden, geschieht etwas ganz Wunderbares: Wir beginnen, sie durch Gottes Linse der Liebe zu sehen. Und dann bewahrheitet sich die Aussage: *»Wer Gott liebt, dem dient alles, was geschieht, zum Guten« (Römer 8,28).*

Übrigens, sobald wir den wahren Feind erkannt haben, der hier am Werk ist, werden wir nicht mehr versuchen, Gottes Gebote zu revidieren, um unseren Hass auf andere Menschen zu rechtfertigen. Stattdessen halten wir uns an das Gebot, unsere Feinde zu lieben, *»denn wir kämpfen nicht gegen Menschen, sondern gegen Mächte und Gewalten des Bösen, die über diese gottlose Welt herrschen und im Unsichtbaren ihr unheilvolles Wesen treiben« (Epheser 6,12).*

Diese Mächte des Bösen werden eines Tages für immer in Vergessenheit geraten. Bis dahin ist es unsere Aufgabe, die Wahrheit zu kennen. Und die Wahrheit – die bis zur Unkenntlichkeit verstümmelt wurde – muss ständig wiederholt werden: Wir sollen demjenigen nacheifern, der gezeigt hat, wie vollkommene Liebe zu *allen* Menschen aussieht. Mit seinem letzten Atemzug betete Jesus noch für diejenigen, die ihn ans Kreuz nagelten, und er bat den Vater, ihnen zu vergeben. Denn *sie* waren nicht der Feind, den er an diesem Tag besiegte.

Gebetsfokus

Danke Gott dafür, dass er den eigentlichen Feind bereits besiegt hat. Bitte ihn um Hilfe, dass du die Menschen in deinem Umfeld durch die Linse der Liebe sehen kannst. Und bitte ihn um die Kraft, ehrlich für Menschen zu beten, die du eigentlich ablehnst. Jesus, die Liebe in Person, kann dir seine Art zu lieben beibringen.

Die nächsten Schritte

- Überlege ehrlich: Neigst du manchmal dazu, bestimmte Gebote deinen persönlichen Vorlieben anzupassen? Wenn ja, welche und warum gerade diese?
- Hast du dich schon mal dafür entschieden, ehrlich und längerfristig für einen Menschen zu beten, den du ganz schrecklich fandst? Wenn ja, was hast du dabei erlebt? Wenn nein, gibt es in deinem Leben vielleicht einen solchen Menschen, für den du beten könntest?
- Lies Epheser 6,10-18. Wie kannst du gegen den wahren Feind Stellung beziehen und dich gegen seine Angriffe schützen?

APROPOS LIEBE …

Tag 4

LIEBE IST FREUNDLICH

»Die Liebe ist geduldig und freundlich.«
1. Korinther 13,4

Freundlichkeit als theoretisches Konzept erfreut sich großer Beliebtheit. *#bekind* ist ein Trend, seit Hashtags ein Trend sind. Aber in der Praxis ist Freundlichkeit kompliziert, weil sie schwierige Fragen aufwirft. Fragen wie: Was springt für mich dabei heraus? Oder: Wer kommt dafür auf? Natürlich trauen sich die meisten von uns nicht, diese Fragen laut zu stellen. Aber zu unserem Glück gab es jemanden, der das tat.

»Da stand ein Gesetzeslehrer auf, um Jesus eine Falle zu stellen. ›Lehrer‹, fragte er, ›was muss ich tun, um das ewige Leben zu bekommen?‹ Jesus erwiderte: ›Was steht denn im Gesetz Gottes? Was liest du dort?‹ Der Gesetzeslehrer antwortete: ›Du sollst den Herrn, deinen Gott, lieben von ganzem Herzen, mit ganzer Hingabe, mit all deiner Kraft und

mit deinem ganzen Verstand. Und auch deinen Mitmenschen sollst du so lieben wie dich selbst.‹ ›Richtig!‹, erwiderte Jesus. ›Tu das, und du wirst leben.‹ Aber der Mann wollte sich verteidigen und fragte weiter: ›Wer gehört denn eigentlich zu meinen Mitmenschen?‹«
Lukas 10,25-29

Der Gesetzeslehrer wollte also wissen, was genau diese Liebe bedeutet und vor allem wen sie miteinschließt. Jesus antwortete darauf mit der Geschichte vom barmherzigen Samariter. Übrigens: Die Worte »barmherzig« und »Samariter« waren für seine jüdischen Zuhörer damals eigentlich nicht zusammen zu denken, angesichts des tiefen Hasses zwischen Juden und Samaritern.

Das Gleichnis in aller Kürze: Ein Reisender wird von Räubern überfallen, übel zusammengeschlagen und dann nackt und halb tot am Straßenrand liegen gelassen. Drei Männer kommen nacheinander des Weges – ein jüdischer Rabbi, ein Levit und ein Samariter. Die ersten beiden sehen den Verletzten und gehen einfach weiter. Der Samariter aber hält an, versorgt die Wunden des Verletzten und bringt ihn zu einem Gasthaus, wo er versorgt werden kann. Der Samariter kommt für alle Kosten auf, die für die Versorgung des Mannes nötig sind.

Mit anderen Worten: Ausgerechnet die Menschen, die Gott eigentlich besonders lieben und mit guten Taten ehren sollten, haben sich einen Dreck um den Verletzten geschert. Der verhasste Samariter hingegen übte Nächstenliebe, die ihn etwas kostete.

»›Was meinst du?‹, fragte Jesus jetzt den Gesetzeslehrer. ›Welcher von den dreien hat an dem Überfallenen als Mitmensch gehandelt?‹ Der Gesetzeslehrer erwiderte: ›Natürlich der Mann, der ihm geholfen hat.‹ ›Dann geh und folge seinem Beispiel!‹, forderte Jesus ihn auf.«
Lukas 10,36-37

Das ist gelebte Nächstenliebe, denn die biblische Freundlichkeit geht weit über Konzepte, Gesetze und Hashtags hinaus. Sie erfordert aktives Handeln. Das wiederum wirft schwierige Fragen auf, die wir nicht laut aussprechen, weil wir nicht unfreundlich oder egoistisch klingen wollen.

Aber die Fragen sind eigentlich gut, denn die Antworten sind noch viel besser:

Was springt für mich dabei heraus? Du erfüllst das größte Gebot von allen und bekommst ewiges Leben.

Wer kommt dafür auf? Der Preis ist bereits bezahlt worden. Unser Erlöser – der gehasst, zusammengeschlagen, nackt ausgezogen und liegen gelassen wurde – hat uns aufgeholfen und in Sicherheit gebracht. Ihn hat es wirklich viel gekostet.

Wenn wir diese Antworten kennen, sind Freundlichkeit und Nächstenliebe nicht mehr so herausfordernd. Wir lieben Gott und ehren ihn mit unserem Verhalten anderen gegenüber. Das heißt, wir gehen los und tun das Gleiche wie er. Wir helfen denen, die Hilfe brauchen. Und hoffentlich zeigen wir, was es heißt zu lieben. Denn darauf kommt es letztlich an.

Gebetsfokus

Bitte Jesus, dir zu zeigen, wem du aktuell ganz besonders mit seiner Freundlichkeit begegnen solltest. Danke Gott für seine Güte, Geduld und Treue (vgl. Römer 2,4). Bitte ihn um die nötige Energie und Initiative, um den Menschen, die er dir über den Weg laufen lässt, mit Liebe zu begegnen – auch wenn es dich persönlich einiges kostet.

Die nächsten Schritte

- Oft neigen wir dazu, uns über biblische Freundlichkeit und Nächstenliebe nur Gedanken zu machen oder darüber zu sprechen, anstatt sie tatsächlich zu leben. Welche praktischen Schritte kannst du diese Woche gehen, um das zu ändern?

- Wo hast du schon erlebt, dass jemand sich besonders bemüht hat, dir Freundlichkeit zu zeigen? Welche Gedanken und Gefühle kommen in dir auf, wenn du daran zurückdenkst?
- Hast du noch weitere Fragen, die du normalerweise nicht laut äußerst, weil du nicht unfreundlich oder unangemessen erscheinen willst? Trau dich, sie zu stellen! Denn Fragen sind – im Gegensatz zu Motiven – nie schlecht.

Tag 5

LIEBE KENNT KEINEN NEID

»Liebe ist geduldig und freundlich. Sie ist nicht verbissen, sie prahlt nicht und schaut nicht auf andere herab.«
1. Korinther 13,4

Es gibt eine totsichere Methode, um das eigene Leben zu ruinieren: Neid. Wenn wir uns permanent mit Menschen vergleichen, die es in bestimmten Punkten besser oder leichter haben als wir selbst, wird sich nach und nach immer mehr Unzufriedenheit in uns breitmachen. Wer sich lange genug auf die Schönheit, den Besitz, den Erfolg oder die Beziehungen anderer fixiert, wird mit dem eigenen Leben immer unzufriedener. Neid kann ein tödliches Gift sein. Frag Kain.

Denn am Ende war es nichts anderes als der Neid, der Kain dazu trieb, seinen eigenen Bruder zu töten. Übrigens waren Kain und Abel die ersten Brüder in der Geschichte der Menschheit, denn sie waren ja die Söhne von Adam und Eva.

Das Konzept von Familie hatte also nicht gerade einen guten Start – obwohl das Leben damals noch relativ simpel war.

Wir fragen uns heute vielleicht, wie es dazu kommen konnte – ganz ohne soziale Medien, Geldsorgen oder politische Parteien, denen man die Schuld in die Schuhe hätte schieben können. Sieht so aus, als sei die Sache mit dem Neid nicht erst ein Phänomen der Postmoderne. Neid gehört wohl einfach zu unserem irdischen Denken. Es lassen sich tausend Gründe finden, neidisch auf andere zu sein – auch Banaleres als ein missratenes Opfer für Gott.

Letzteres war nämlich Kains Problem. Beide Brüder boten Gott einen Teil ihrer Arbeit als Opfergabe an. Abel gab Fett von einem seiner Schafe und Kain Früchte des Feldes. Abels Opfer wurde von Gott angenommen. Bei Kain war das nicht der Fall. Aber das hatte nichts mit der Art des Opfers zu tun, sondern eher mit der Herzenshaltung des jeweiligen Gebers.

Kains Herz war von Neid zerfressen, und als er damit konfrontiert wurde, reagierte er mit Wut. Trotz allem war Gott barmherzig und sagte zu Kain: »*Wenn du Gutes im Sinn hast, kannst du doch jedem offen ins Gesicht sehen. Wenn du jedoch Böses planst, dann lauert die Sünde schon vor deiner Tür. Sie will dich zu Fall bringen, du aber beherrsche sie!*« *(1. Mose 4,7).*

Spoiler-Alarm … Kain hat seine Sünde nicht beherrscht, nicht einmal für kurze Zeit. Gleich im nächsten Vers fällt er über seinen Bruder her und tötet ihn (vgl. 1. Mose 4,8).

Um eins klarzustellen: Kain ermordete seinen Bruder nicht aus Rache für irgendetwas, das Abel ihm angetan hätte. Er tötete ihn aufgrund von Abels Gehorsam gegenüber Gott. Das macht die Situation noch absurder, denn es war nicht einmal etwas Persönliches. Darin liegt die Abscheulichkeit des Neids auf andere, er muss nicht persönlich sein. Wie seine Eltern im Garten Eden glaubte Kain die Lüge, Gott wolle ihm etwas vorenthalten und Gehorsam gegenüber Gott sei optional.

Das Richtige zu tun, bedeutet zunächst, Gott gegenüber die richtige Herzenshaltung einzunehmen. Es geht hier um echte innere Umkehr. Nur wenn wir unser Herz vom schleichenden Gift des Neides befreien, werden wir fähig, unsere Brüder und Schwestern und auch alle anderen Menschen zu lieben. Entgegen der landläufigen Meinung ist es nämlich möglich, den Neid zu beherrschen, der überall lauert: am Arbeitsplatz, in unseren Instagram-Feeds, sogar in der Gemeinde. Wie das geht? Ganz einfach. Wir müssen nur aufhören, ständig auf das zu schielen, was andere können oder haben, und stattdessen dankbar sein für alles, was Gott uns gibt. Denn auch für uns gilt: *»Wenn du Gutes im Sinn hast, kannst du doch jedem offen ins Gesicht sehen.«*

Gebetsfokus

Überlege, womit Gott dich schon gesegnet hat. Fülle eine ganze Seite mit Dingen, für die du Gott dankbar bist. Nimm dir Zeit, um ihm für jeden einzelnen Punkt zu danken. Bitte ihn darum, dir zu helfen, das schleichende Gift des Neides aus deinem Leben zu entfernen und eine Herzenshaltung der Zufriedenheit zu kultivieren. Gewöhne dir eine Haltung der Dankbarkeit an: für dein Leben und alles, was Gott dir geschenkt und ermöglicht hat.

Die nächsten Schritte

- Wir alle haben bis zu einem gewissen Grad mit Neid zu kämpfen. In welchen Bereichen machen dir neidische Gedanken am meisten zu schaffen?
- Auch wenn du noch nie aus Neid jemanden umgebracht hast, überlege dir, auf welche Weise Neid in deinem Leben Negatives bewirkt oder bewirkt hat. Welche Beziehungen wurden dadurch vielleicht schon geschädigt?
- Welchen Schritt könntest du gehen, um dein Herz von Neid, Eifersucht und Missgunst zu befreien? Vielleicht kannst du dir ein Ritual überlegen, das der Dankbarkeit einen festen Platz in deinem Alltag gibt.

Tag 6

LIEBE VERLETZT NICHT

»Liebe verletzt nicht den Anstand und sucht nicht den eigenen Vorteil, sie lässt sich nicht reizen und ist nicht nachtragend.«
1. Korinther 13,5

Es ist seltsam, wie hasserfüllt wir Menschen geworden sind, wenn es um das Thema Liebe geht. Seit Jahrzehnten tobt ein Kampf darum, wer recht hat, wenn es um die Liebe geht. Eine Flut von Beschimpfungen und Beschuldigungen geht damit einher, laut wie ein dröhnender Gong oder ein lärmendes Becken (vgl. 1. Korinther 13,1). Bei all dem Krach ist es schwer zu erkennen, wer hier eigentlich gewinnt. Vermutlich gibt es in diesem Kampf am Ende – wie so oft – nur Verlierer.

Aus weltlicher Sicht ist die einzige Konstante in unserer sich ständig verändernden Welt das Bedürfnis nach Liebe: Auf der Suche danach sind alle Menschen frei, ihr Denken, ihre Identität und ihre persönlichen Wahrheiten beliebig zu verändern. Zudem sagt die weltliche Perspektive: Wenn wir nicht bereit sind, die verschiedenen Ausdrucksformen der Liebe anzuerkennen, verweigern wir die Weiterentwicklung hinsichtlich Toleranz und Menschlichkeit.

Auch der Bibel zufolge ist die einzige Konstante in unserer sich ständig verändernden Welt das Bedürfnis nach Liebe (Aha-Effekt?). Auf der Suche danach können wir der Liebe in Person begegnen: Jesus. Er will uns durch die Wahrheit befreien (vgl. Johannes 8,32) – auch unseren Geist und unsere Identität. Zudem sagt die biblische Perspektive: Wenn wir nicht bereit sind, die verschiedenen Ausdrucksformen der Liebe Gottes anzuerkennen, verweigern wir die Weiterentwicklung über unser natürliches Menschsein hinaus.

Wie können zwei Ansichten so ähnlich und doch so gegensätzlich sein? Ganz einfach, es geht hier um zwei unterschiedliche Arten von Liebe: die Agape-Liebe (selbstlose Liebe, die von Gott und aus Gott kommt) und die Eros-Liebe (romantische oder sexuelle Liebe). Die Ironie an der Sache ist: Wenn wir Gottes Agape-Liebe mehr in unser Leben hineinlassen würden, um unsere Kommunikation bezüglich der Eros-Liebe zu beeinflussen, würde es viel weniger Lärm geben und mehr Menschen würden entdecken, wonach sich ihre Seele wirklich sehnt.

Ungeachtet dessen, was um uns herum geschieht, ändert sich die Definition für wahre Liebe nicht – weder für Menschen, die sich bemühen, die Heilige Schrift für andere schmackhaft und kulturell relevant zu machen, noch für Menschen, die ihre Bibeln dazu benutzen, um andere vor den Kopf zu stoßen. In jedem Fall ist eins klar: Sobald unsere Worte verunglimpfend oder bissig werden, sind sie nichts weiter als ein dröhnender Gong und ein lärmendes Becken, die den allgemeinen Krach noch verstärken. Wenn wir uns klarmachen, dass die Liebe nicht verletzt, nicht den eigenen Vorteil sucht, sich nicht reizen lässt und nicht nachtragend ist, sollten wir uns wohl bei vielem, was wir sehen und hören, lieber erst mal auf die Zunge beißen, anstatt einen vorschnellen Kommentar abzulassen.

Natürlich sind wir nicht die erste Generation, die mit diesen Themen zu kämpfen hat. Paulus musste die Gemeinde in Ephesus streng zurechtweisen für ihren unguten Umgang mit bestimmten Themen. Ihre Unfähigkeit, das Richtige auf eine gute Art und Weise zu kommunizieren, machte die geistliche Unreife der Epheser offensichtlich. Paulus legte ihnen nahe: *»Stattdessen wollen wir die Wahrheit in Liebe leben und in allem zu Christus hinwachsen, dem Haupt der Gemeinde« (Epheser 4,15).*

Genau damit können auch wir die Welt auf Jesus hinweisen.

Die Wahrheit in Liebe zu leben – oder wie es in anderen Übersetzungen heißt, die Wahrheit in Liebe zu sagen –, bedeutet nicht, meinungsschwach zu sein oder vor den Problemthemen unserer Zeit zurückzuscheuen. Ganz im Gegenteil. Es bedeutet, dass wir uns auf Diskussionen zu schwierigen Themen einlassen, ohne andere Menschen anzugreifen oder zu verletzen. Stattdessen reagieren wir mit Geduld und Freundlichkeit, denn die Liebe ist geduldig und freundlich. Gott ist die Liebe (vgl. 1. Johannes 4,16). Wenn wir andere auf ihn hinweisen wollen, ist es unerlässlich, dass wir Gottes Beschreibung der Liebe ernst nehmen.

Wie so viele andere Themen gibt uns auch der Kampf um das Thema Liebe eine unglaubliche Chance, uns zu verändern und zu wachsen. Wir wünschen uns, dass unsere Freiheit in Christus auf eine Weise zum Ausdruck kommt, die weit über das hinausgeht, was wir als normale Menschen leisten können. Wie genial wäre es, wenn wir die Wahrheit in Liebe sagen würden, anstatt darüber zu streiten, was Liebe ist. Die Wahrheit in Liebe zu leben, ist in der Tat der einzige Weg, um zu gewinnen.

Gebetsfokus

Danke Gott für die Steilvorlage in seinem Wort, wie wir anderen mit Liebe begegnen können. Bitte ihn um Vergebung, wo du in der Äußerung deiner Gedanken oder Gefühle anderen gegenüber arrogant, unfreundlich oder verletzend warst. Danke ihm für seine vollkommene Liebe für dich.

Die nächsten Schritte

- Überlege ehrlich: Gibt es bestimmte Themen, bei denen du dazu neigst, unfreundlich oder arrogant zu reagieren? Welche sind das? Und was könnte der Grund dafür sein? Komm mit Gott darüber ins Gespräch.
- Lies 1. Petrus 3,15-16. Was schreibt Petrus hier über unseren Umgang mit anderen? Wo gibt es diesbezüglich in deinem Leben »Luft nach oben«?
- Überlege dir, wie du das nächste Mal reagieren willst, wenn sich ein schwieriges Gespräch ergibt. Bereite dich innerlich darauf vor, um besser auf den Gott der Liebe hinweisen zu können.

Tag 7

LIEBE FREUT SICH ÜBER WAHRHEIT

»Liebe freut sich nicht am Unrecht, sondern freut sich, wenn die Wahrheit siegt.«
1. Korinther 13,6

Als David damals Psalm 12 verfasste, war er völlig frustriert von der Verlogenheit der Menschen. Er beklagte, dass es keine Treue und Ehrlichkeit mehr unter den Menschen gebe, und er flehte Gott an, all die Angeber und Heuchler doch endlich zum Schweigen zu bringen (vgl. Psalm 12,1-4).

Mit am schlimmsten fand David Heuchelei und falsche Komplimente. Eigentlich verwunderlich, oder? Mal ehrlich: Wenn wir an all das Schreckliche denken, was Menschen so von sich geben – egal ob damals oder jetzt –, dann erscheinen uns Schmeicheleien doch eigentlich eher harmlos. Wie haben es also falsche Komplimente an die Spitze von Davids No-go-Liste geschafft?

Na ja, wenn wir genauer hinschauen, sind falsche Komplimente schlichtweg böse. Schmeicheleien entstehen aus miesen Motiven und weisen auf ein verdorbenes Herz hin. Deshalb war David davon so angewidert. Er sah hinter die Fassade und entlarvte die Schmeichler als das, was sie waren: redegewandte Heuchler, die versuchten, andere durch süße Worte zu manipulieren und zu täuschen. Die Folge war himmelschreiende Ungerechtigkeit: Schwache wurden misshandelt und Arme unterdrückt (vgl. Psalm 12,6). Wir wissen nicht genau, auf welche Weise diese Menschen getäuscht wurden. Nach Davids Worten ist es wahrscheinlich, dass diese arglosen Leute mit Süßholzgeraspel manipuliert wurden und vielleicht sogar den Schmeichlern willig zu Füßen lagen, während diese ihnen den Todesstoß versetzten.

Es gibt einen Grund, warum Schmeichelei so effektiv ist: Wir lieben Komplimente. Und wir sehnen uns danach, gehört, beachtet und bejaht zu werden. Schmeicheleien bestätigen uns, streicheln unser Ego und bestärken unsere Vorurteile. Sie können Schwarz und Weiß in einen äußerst attraktiven Grauton verwandeln. Mit ein paar Komplimenten und einem wohlwollenden Lächeln schaffen es Schmeichler leicht, uns mit den größten Lügen zu manipulieren. Und es ist schwer, der Versuchung zu widerstehen, ihnen Glauben zu schenken.

Und deshalb sollten wir Schmeichelei genauso verabscheuen wie David. Angenehme Lügen triefen nur so vor manipulativem Hass. Davids Sohn Salomo brachte es weise auf den Punkt: *»Ein Lügner kennt kein Mitleid mit seinen Opfern, und eine spitze Zunge beschwört bloß Unglück herauf« (Sprüche 26,28).*

Da die Liebe sich nicht am Unrecht erfreut, sondern an der Wahrheit, ist es wichtig, den Unterschied zwischen beidem zu erkennen. Und genau das wird immer schwieriger. Denn Lügen kommen so schnell auf uns zu, wie unsere Finger scrollen können. Von Clickbait über Fake News bis hin zu einem falschen Evangelium – geschmeidige, verlogene Dinge werden gigabyteweise gesammelt, aufgeplustert und verbreitet. Selbst Hobby-Schmeichler wissen, wie Unschmeichelhaftes geglättet und eine verlockende Version der Realität erstellt wird. Wie viel mehr können Profis uns manipulieren!

In einer seiner Prophetien warnt Daniel vor einem bösen und manipulativen Weltherrscher, der am Jüngsten Tag aufstehen wird: *»Alle, denen Gottes Bund mit Israel schon immer gleichgültig war, verführt er mit schönen Worten dazu, sich endgültig von Gott abzuwenden. Die anderen aber, die ihren Gott kennen und lieben, bleiben standhaft« (Daniel 11,32).* Der Antichrist wird ein grandioser Schmeichler sein, weil Schmeicheleien so effektiv sind. Er wird wissen, was wir Menschen mögen, und das gnadenlos ausnutzen. Um ihm nicht auf den Leim zu gehen, ist es wichtig, Gott zu kennen. Das ist der einzige Weg, um vor dem Untergang bewahrt zu werden. Am Ende wird die Wahrheit siegen – trotz aller Lügen, die in unserer Gesellschaft kursieren. Aber wir müssen in der Lage sein, die Wahrheit zu erkennen. Es ist wichtig, dass wir falsche Worte entlarven, die nur unser Ego streicheln oder unsere Vorurteile bestätigen wollen. Stattdessen dürfen wir Gottes Worte annehmen, die aus seiner Liebe geboren sind und uns zu ihm führen. So können wir geschützt und bewahrt werden.

Gebetsfokus

Danke Gott für seine Wahrheit, die uns Menschen frei macht. Danke ihm für sein Wort und die Fähigkeit, zu erkennen, was richtig und was falsch ist. Bitte ihn darum, falsche Schmeicheleien in deinem Leben aufzudecken – solche, die andere dir gegenüber aussprechen, genauso wie solche, die du selbst aussprichst. Bitte Gott um Kraft, nicht auf Lügen und falsche Komplimente hereinzufallen.

Die nächsten Schritte

- Hast du schon erlebt, dass du anfällig für Schmeicheleien bist? Wenn ja, in welchen Bereichen?

- Überlege ehrlich, wo du selbst Schmeicheleien benutzt hast, um jemanden zu manipulieren oder eine Situation zu deinem Vorteil zu drehen. Wie geht es dir jetzt mit dem Gedanken daran?
- Mach dir bewusst, dass Lügen in Gestalt von Schmeicheleien oft angenehmer sind als die Wahrheit. Wie kannst du dich trotzdem an der Wahrheit freuen? Und wie kannst du reagieren, wenn du merkst, dass jemand dich mit Komplimenten manipulieren will?

Tag 8

LIEBE VERTRAUT

»Liebe nimmt alles auf sich, sie verliert nie den Glauben oder die Hoffnung und hält durch bis zum Ende.«
1. Korinther 13,7

Um unsere Berufung zu erfüllen, brauchen wir andere Menschen. So wollte es Gott offensichtlich. Die Menschen, denen wir vertrauen, mit denen wir unsere Träume teilen, denen wir unsere Sünden beichten und von denen wir Ratschläge erhalten, beeinflussen, wer wir sind. Wenn wir den falschen Leuten vertrauen, kann das katastrophale Folgen haben und unser Leben gehörig durcheinanderbringen. Aber ein einziger vertrauenswürdiger Freund kann wie ein Gottesgeschenk sein. Und genau solche Gottesgeschenke waren Maria und Elisabeth füreinander.

Es war eine interessante Konstellation. Wahrscheinlich hätte kein Mensch eine von ihnen, geschweige denn beide, ausgesucht, um eine entscheidende Rolle in der Menschheitsgeschichte zu spielen. Aber Gott neigt nun mal dazu, mit den unwahrscheinlichsten Typen maximale Herrlichkeit zu verwirklichen. Und so wählte er ein mittelloses Teenager-Mädchen und eine unfruchtbare alte Frau aus, um den Plan zur Rettung der Menschheit in die Tat umzusetzen.

Hier kommt eine kurze Zusammenfassung, wie die Verbindung der beiden Frauen zustande kam. Elisabeth und ihr Mann Zacharias waren nicht nur alt, sie waren »sehr alt« (vgl. Lukas 1,7). Es ist also anzunehmen, dass sie schon einige Jahrzehnte zuvor aufgegeben hatten, auf Nachwuchs zu hoffen, als plötzlich der Engel Gabriel im Tempel erschien, um Zacharias anzukündigen, dass Elisabeth schwanger werden und einen Sohn zur Welt bringen würde. Die Nachricht war großartig, Zacharias' Antwort nicht. Er zweifelte an Gabriels Aussage (wer könnte es ihm verdenken?) und wurde mit Sprachlosigkeit bestraft, bis sein Sohn Johannes (später »der Täufer« genannt) geboren war. Elisabeth hingegen war überglücklich. Sie wusste, dass der Herr an sie gedacht und ihr geholfen hatte (vgl. Lukas 1,25).

Einige Monate später erschien der Engel Gabriel der jungen, frisch verlobten Maria. Er sagte ihr, dass auch sie schwanger werden und einen Sohn zur Welt bringen würde und dass sein Name Jesus sein solle. Angesichts der Tatsache, dass Maria ein Teenager war, kann man davon ausgehen, dass sie – im Gegensatz zu Elisabeth – noch nie für ein Kind gebetet hatte. Verwirrt und doch gehorsam antwortete Maria: *»Ich will mich dem Herrn ganz zur Verfügung stellen. Alles soll so geschehen, wie du es mir gesagt hast« (Lukas 1,38).* Die Nachricht war großartig, die Reaktion ihres Verlobten Josef nicht. Er zweifelte an Maria (wer könnte es ihm verdenken?) und begann im Stillen, seinen Abgang zu planen. Aber der Engel Gabriel erschien auch ihm und erklärte, er solle bei Maria bleiben (vgl. Matthäus 1,18-21).

Nach einem solchen Wirbel von Wundern, Reaktionen, Gedanken und Emotionen war es nur logisch, dass Maria sich auf den Weg zu ihrer Verwandten Elisabeth machte - zumal der Engel erwähnt hatte, dass auch Elisabeth trotz ihres hohen Alters schwanger geworden war (vgl. Lukas 1,36). Sie hatten eine Menge miteinander zu besprechen. Vielleicht war das auch der Grund dafür, dass Zacharias stumm wurde und nicht taub oder blind - damit die Frauen alles ohne Unterbrechung bereden konnten. Aber Spaß beiseite. Stell dir vor, wie Maria und Elisabeth alles besprachen, was Gott für sie getan hatte und durch sie tun wollte. Dinge, an die sie nie gedacht oder um die sie nie gebeten hatten.

Sicherlich gab es Momente, in denen all die Verantwortung und Ungewissheit schwer auf ihnen lastete. Schließlich hatte Gabriel ihnen nicht gerade viele Details verraten. Die beiden werdenden Mütter hatten keine Ahnung, wie genau sich die Prophezeiungen erfüllen sollten oder was sie auf dem Weg alles erwarten würde.

Wie sich herausstellte, konnte eine von ihnen später bei fast jedem außergewöhnlichen Ereignis im Leben ihres Sohnes anwesend sein, bevor sie mitansehen musste, wie ihr Sohn unter Schmerzen seine wichtigste Aufgabe erfüllte. Die andere nicht. Beide Wege waren schwierig. Beide wurden in Liebe vorbereitet. Die Unterschiedlichkeit bezüglich ihres Alters und der jeweiligen Rolle, die sie zu erfüllen hatten, war Maria und Elisabeth sicher nicht entgangen.

Diese Unterschiede hätten sie auseinanderbringen können. Stattdessen entschieden sich diese beiden von Gott ausgewählten Frauen dafür, ihre Beziehung zueinander zu pflegen und zusammenzuhalten. Sie vertrauten einander. Denn das ist es, was die Liebe tut. Sie waren füreinander gottgesandte, vertrauenswürdige Freundinnen. Und sie verbrachten drei volle Monate im gemeinsamen Denken und Träumen, Sichaustauschen und Beten.

Kein Zweifel, Gott hatte es so eingefädelt. Er wusste, dass sie einander brauchten, um ihre Berufung zu erfüllen: den Plan des Neuen Bundes zu verwirklichen, der die Hoffnung für die gesamte Menschheit wiederherstellen würde.

Gebetsfokus

Danke Gott für die vertrauenswürdigen Menschen, die er in dein Leben gestellt hat. Wenn er dich in eine neue Rolle oder zu einer besonderen Aufgabe beruft, wird es viel zu verarbeiten und zu beten geben. Bitte ihn darum, dir Vertrauenspersonen zu schicken, die dir in schwierigen Zeiten helfen, den Glauben zu bewahren, und mit denen du deine Hoffnung teilen kannst.

Die nächsten Schritte

- Wem vertraust du, mit wem träumst du, wem beichtest du deine Fehler und von wem lässt du dich beraten? Helfen diese Menschen dir, Jesus ähnlicher zu werden? Oder bringt ihr Rat dich eher in Glaubenskonflikte?
- Auch wenn du nicht so krasse Wunder erlebt hast wie Maria und Elisabeth, ist es gut, dich mit anderen darüber auszutauschen, was Gott in deinem und ihrem Leben tut und wie er euch beschenkt. Überlege dir, mit wem du solche Gespräche führst (oder führen könntest) und ob es hier vielleicht noch Luft nach oben gibt.
- Wo kannst du in deinem Alltag Hoffnung schenken, schützen oder bewahren? In welchen Bereichen könntest du mehr vertrauen oder selbst vertrauenswürdiger werden?

Tag 9

DIE ANTWORT

»Wenn ihr mich liebt, werdet ihr so leben, wie ich es euch geboten habe.«
Johannes 14,15

Wenn wir Jesus lieben, dann werden wir seine Gebote halten, insbesondere sein größtes Gebot: zu lieben. Das erscheint auf den ersten Blick vielleicht ganz einfach. Aber nur, bis wir verstehen, was biblische Liebe bedeutet. Dann erscheint es nämlich völlig absurd.

Von der Schöpfungsgeschichte bis zur Offenbarung finden wir in der Bibel immer wieder Regeln und Vorgaben zum Thema Liebe: sowohl bezüglich der Liebe zu anderen Menschen als auch hinsichtlich unserer Liebe zu Gott. In der Beschreibung der Liebe, über die wir in 1. Korinther 13,4-8 lesen können, hat Paulus 16 verschiedene Eigenschaften genannt, um zu verdeutlichen, wie die Liebe aussehen sollte. Ja, richtig gelesen: 16 … in gerade mal fünf Versen. Es genügt, diesen Abschnitt ein einziges Mal durchzulesen, um zu erkennen, wie schlecht wir darin sind, die größte und wichtigste Sache der Welt in die Tat umzusetzen. (Nur zu, nimm dir eine Minute Zeit und lies es nach.) Es scheint, dass Gottes Auftrag der Liebe zu den Unmöglichkeiten unseres Lebens gehört, weil es zahlreiche Möglichkeiten gibt, dabei völlig zu versagen.

Was ist also die Antwort? Wie können wir so lieben, wie wir lieben sollen, wenn wir alle von Natur aus so schlecht darin sind? Nun, ganz einfach: Wir können es nicht. Jedenfalls nicht aus eigener Kraft. Deshalb brauchen wir übernatürliche Hilfe in Gestalt von Jesus. Die Antwort ist also: Jesus.

Nebenbei bemerkt: Die Antwort war immer schon Jesus. Die Antwort wird immer Jesus sein. Und das nicht nur in der Sonntagsschule.

Kehren wir also zu den Versen von Paulus zurück. Seine Liste der unmöglichen Aufgaben beschreibt wunderbar denjenigen, der das Unmögliche möglich macht. Lies dazu 1. Korinther 13,4-8 und ersetze das Wort »Liebe« mit »Jesus«. (Nur zu, nimm dir eine Minute Zeit.) Also: Jesus ist geduldig. Jesus ist freundlich. Jesus ist nicht neidisch. Jesus ist nicht eitel. Jesus ist nicht stolz. Und so weiter. Denn Paulus hat 16 Eigenschaften beschrieben, um zu verdeutlichen, wie sehr Jesus uns liebt... in gerade mal fünf Versen.

Weil wir Jesus kennen und eingeladen sind, mit ihm das Unmögliche möglich zu machen, gibt es unzählige Wege und

Gründe, um zu lieben. Und das ist der springende Punkt. Nur Jesus kann das völlig Absurde möglich machen. Tatsächlich ist der einzige Grund, warum wir überhaupt fähig sind, andere zu lieben, dass Gott uns zuerst geliebt hat (vgl. 1. Johannes 4,19). Als wir noch in unseren Sünden verstrickt waren, starb Jesus für uns (vgl. Römer 5,8).

»Und wer bekennt, dass Jesus der Sohn Gottes ist, der bleibt in Gott und Gott in ihm. Wir haben erkannt, dass Gott uns liebt, und wir vertrauen fest auf diese Liebe. Gott ist Liebe, und wer in dieser Liebe bleibt, der bleibt in Gott und Gott in ihm« (1. Johannes 4,15-16).

Falls du noch nicht überzeugt bist, hier sind noch ein paar mehr Hinweise:

> *»Gottes Liebe zu uns ist für alle sichtbar geworden, als er seinen einzigen Sohn in die Welt sandte, damit wir durch ihn leben können. Das Einzigartige an dieser Liebe ist: Nicht wir haben Gott geliebt, sondern er hat uns seine Liebe geschenkt. Er gab uns seinen Sohn, der alle Sünden auf sich nahm und sie gesühnt hat. Meine Freunde, wenn uns Gott so sehr geliebt hat, dann müssen auch wir einander lieben. Niemand hat Gott jemals gesehen. Doch wenn wir einander lieben, bleibt Gott in uns und seine Liebe ist in uns zum Ziel gekommen.«*
> *1. Johannes 4,9-12*

Lies zumindest den letzten Absatz noch fünf weitere Male. (Nimm dir eine Minute Zeit und tu es einfach.) Von der Schöpfungsgeschichte bis zur Offenbarung handelt jedes Gesetz, jede Geschichte, jeder Brief letztlich von der Liebe Gottes zu seinem Volk. Und wenn wir ihn zurücklieben, befähigt er uns, seine Gebote zu halten, insbesondere sein größtes Gebot, nämlich zu lieben. Wie? Du weißt es schon. Durch Jesus. Die Antwort ist Jesus. Die Antwort war schon immer Jesus. Die Antwort wird immer Jesus sein.

Gebetsfokus

Danke Gott dafür, dass die Antwort ganz einfach, klar und immer gleich ist, nämlich: Jesus. Nimm dir eine Minute Zeit und danke Jesus mit deinen eigenen Worten dafür.

Die nächsten Schritte

- Fällt es dir schwer zu glauben, dass du so lieben kannst, wie Paulus es in 1. Korinther 13 beschreibt? Warum oder warum nicht?
- Erscheint dir die Aussage »Die Antwort ist immer Jesus« zu simpel? (Wenn ja, stehst du damit nicht allein da.) Erkläre,

warum du so denkst. Und sprich mit Gott oder mit einer Vertrauensperson darüber.

- Wo hast du vielleicht schon erlebt, dass die Fokussierung auf Gottes Liebe dir geholfen hat, anderen mit Liebe zu begegnen? Wie kannst du im Alltag deinen Fokus stärker darauf lenken, wie sehr Jesus dich liebt?

Tag 10

SEHNSUCHT NACH WERT

»Kein Wunder, dass ihr nicht glauben könnt! Denn ihr seid doch nur darauf aus, voreinander etwas zu gelten. Aber euch ist völlig gleichgültig, ob ihr vor dem einzigen Gott bestehen könnt.«
Johannes 5,44

Wir Menschen versuchen oft, unseren Wert unter Beweis zu stellen in einer Welt, die nicht in der Lage ist, wahren Wert zu erkennen. Eigentlich eine ziemlich sinnlose Übung. Und doch versuchen wir es immer wieder. Denn in unserer gebrochenen Natur steckt das verzweifelte Bedürfnis nach Anerkennung und Wertschätzung durch andere Menschen. Für unser zerbrechliches Ego fühlt sich Ablehnung an wie ein qualvoller Tod. Also stellen wir uns auf den Kopf für eine möglichst gute Position in dieser vergänglichen kleinen Welt.

Die kleine Welt der Pharisäer basierte weitgehend auf Macht, Status und Regeln. Für viele von ihnen war ihr religiöses System das Mittel, um haufenweise Ruhm und Anerkennung zu bekommen – und gleichzeitig die weniger Begünstigten kleinzuhalten. Aus weltlicher Sicht hat das für sie gut funktioniert.

Sie erhoben Anspruch darauf, allen anderen ihren Wert zuzumessen. Und so hatten sie auch kein Problem damit, ihren eigenen Wert zu sichern. Logisch also, dass Widerspruch gegen ihre Einschätzung einem sozialen und religiösen Selbstmord gleichkam, vor allem für diejenigen, die auf einen guten Platz im System spekulierten.

Wer dazugehören wollte, wusste, dass man in manchen Punkten besser die Klappe hält. Jesus hingegen nahm kein Blatt vor den Mund, weil er sich nicht im Geringsten darum scherte, ins religiöse System zu passen. Er suchte nicht die Anerkennung von Menschen (vgl. Johannes 5,41).

Als Jesus die Pharisäer offen für ihre Heuchelei und ihren Machtmissbrauch anklagte, dachte vermutlich jeder in Hörweite, er hätte den Verstand verloren. Die Menschen konnten nicht begreifen, dass seine Beweggründe genau das Gegenteil von ihren eigenen waren. Jesus suchte nicht nach Anerkennung, und es war nicht sein Ziel, von allen geschätzt und geachtet zu werden. Stattdessen suchte er die Verlorenen und wandte sich den Bedürftigen zu. Und weil er seine Autorität nicht nutzte, um jemanden kleinzuhalten, war es auch für die weniger Begünstigten möglich, zu ihm zu gehören.

Für einen Pharisäer hätte ein Leben mit Jesus bedeutet, den eigenen Ruhm aufzugeben, für den er bisher gelebt und gekämpft hatte. All die Jahre, die er damit verbracht hatte, sich auf den Kopf zu stellen, um eine gute Position innerhalb des Systems zu erreichen, wären umsonst gewesen. Sein Status wäre gesunken auf das Niveau der Menschen, auf die er bislang herabgeschaut hatte.

Und genau das ist der Grund, warum die wenigen religiösen Anführer, die Jesus als Messias erkannten, in der Öffentlichkeit den Mund hielten. *»Und doch gab es unter den führenden Männern des Volkes viele, die an Jesus zu glauben begannen. Aber aus Angst vor den Pharisäern bekannten sie sich nicht öffentlich zu ihm. Denn sie wollten nicht aus der Gemeinschaft des jüdischen Volkes ausgeschlossen werden. Ihnen bedeutete die Anerkennung der Menschen mehr als das Ansehen bei Gott« (Johannes 12,42-43).*

Was für eine Tragödie! Männer, die ihr ganzes Leben damit verbracht hatten, das Wort Gottes zu studieren – und dann seinen Sohn aufgrund dessen ablehnten, was ihre Mitmenschen sagen oder tun könnten. Sie zogen ihr gewohntes System einem lebensspendenden Glauben vor, und zwar nur aus einem einzigen Grund: Sie waren süchtig nach menschlichem Lob und Anerkennung. Wie traurig.

Die Wahrheit ist aber, dass die meisten von uns in exakt dem gleichen Dilemma stecken. Wir müssen uns entscheiden zwischen zwei Dingen, die sich gegenseitig ausschließen: Wir können weiterhin versuchen, unseren Wert zu sichern in einer

Welt, die nicht in der Lage ist, echten Wert zu erkennen oder zu verleihen. Oder wir können unsere Sehnsucht bei Gott stillen und in ihm unseren Wert finden. Das führt uns zum Leben und zu wahrer Wertschätzung mit Ewigkeitswert.

Gebetsfokus

Leg Gott deine Sehnsucht nach Anerkennung und Akzeptanz hin und bitte ihn, dir zu zeigen, wie wertvoll du für ihn bist. Bitte ihn, dir deutlich zu machen, wo dein Ego dich daran hindert, eine tiefere Verbindung mit ihm einzugehen. Danke ihm für Jesus und dafür, dass du durch ihn deine wahre Identität und deinen unendlichen Wert erkennen kannst.

Die nächsten Schritte

- In Matthäus 10,32-33 heißt es: »*Wer sich vor den Menschen zu mir bekennt, zu dem werde ich mich auch vor meinem Vater im Himmel bekennen. Wer aber vor den Menschen nicht zu mir steht, zu dem werde ich auch vor meinem Vater im Himmel nicht stehen.*« Gab es Situationen in deinem Leben, in denen du dich nicht zu Jesus bekannt hast, weil du Spott oder Ablehnung befürchtet hast? Was könnte dir in ähnlichen Situationen helfen, mutiger zu sein?

- Inwiefern versuchst du, dich in einer Welt als wertvoll zu erweisen, die gar nicht in der Lage ist, dir wahren Wert zu geben? Zum Beispiel durch Freunde, Familie, Sport, Wissenschaft, Arbeit, soziale Medien, Gemeindeengagement – vielleicht auch alles zusammen?
- Hast du schon mal erlebt, dass du mit Ablehnung konfrontiert wurdest, weil du dich öffentlich zu Jesus bekannt hast? Wie ging die Sache aus und wie hat dich das beeinflusst?

Tag 11

ERNSTHAFT SUCHENDE

»Ein Schriftgelehrter hatte diesem Wortwechsel zugehört und war von der Antwort beeindruckt, die Jesus den Sadduzäern gegeben hatte. Er ging zu ihm hin und fragte ihn: ›Welches ist von allen Geboten Gottes das wichtigste?‹ Jesus antwortete: ›Dies ist das wichtigste Gebot: ‚Hört, ihr Israeliten! Der Herr ist unser Gott, der Herr allein. Ihr sollt ihn von ganzem Herzen lieben, mit ganzer Hingabe, mit eurem ganzen Verstand und mit all eurer Kraft.' Ebenso wichtig ist das andere Gebot: ‚Liebe deinen Mitmenschen wie dich selbst.' Kein anderes Gebot ist wichtiger als diese beiden.‹«
Markus 12,28-31

Wir Menschen haben oft kein Interesse an wahrheitsgemäßen Antworten, wenn unsere Frage eigentlich nur der Rechtfertigung unseres Verhaltens dient. Das kann zu sehr frustrierenden Unterhaltungen führen. Wir sehen das immer wieder in den Evangelien. Oft waren die religiösen Anführer darauf aus, Jesus mit allerlei Fragen, die ihrer eigenen Rechtfertigung dienen sollten, in die Enge zu treiben. Das ging aber immer nach hinten los.

Bei einer Gelegenheit fragten die Sadduzäer, die nicht an die Auferstehung glaubten, wie das im Himmel mit der Ehe funktionieren solle (vgl. Markus 12,18-23). Aber eigentlich waren sie gar nicht daran interessiert, etwas über den Himmel zu erfahren. Sie wollten nur demonstrieren, dass die Vorstellung der Auferstehung absurd sei. Jesus nahm kein Blatt vor den Mund. Er antwortete: *»Liegt euer Irrtum nicht darin, dass ihr weder die Heilige Schrift noch die Macht Gottes kennt?« (Markus 12,24).* Obwohl er die Heuchelei ihrer Frage durchschaute, erklärte er netterweise trotzdem, wie es in der Ewigkeit einmal sein wird: *»Wenn die Toten auferstehen, werden sie nicht mehr wie hier auf der Erde heiraten. Es wird ganz anders sein: Sie sind dann wie die Engel Gottes im Himmel« (Markus 12,25).*

Eigentlich hätten sich die Sadduzäer freuen müssen zu hören, dass der Himmel real ist und sie somit eine Hoffnung auf ewiges Leben haben. Die angemessene Reaktion auf eine solche Aussicht hätte sein sollen zu sagen: »Gott sei Dank lagen wir bei etwas so enorm Wichtigem falsch!« Stattdessen reagierten sie mit Ablehnung, weil Jesus ihre Ansichten nicht bestätigte. Kurz gesagt, weil den Sadduzäern nicht gefiel, was Jesus zu sagen hatte, schlossen sie daraus, dass er unrecht haben musste. Und Jesus schloss daraus, dass die Sadduzäer im unrecht waren, weil sie nicht interessierte, was Gott zu sagen hatte.

Ein aufrichtiger Schriftgelehrter, der diesen Wortwechsel mitangehört hatte – und der von der Antwort, die Jesus gab, beeindruckt war –, fragte Jesus im Anschluss, welches Gebot das wichtigste sei. Die Antwort von Jesus markierte einen historischen Moment und legte den absoluten Grundstein für wahre Nachfolge: »Liebe Gott mit jeder Faser deines Seins, und liebe alle Menschen, die Gott geschaffen hat, dich eingeschlossen« (vgl. Markus 12,30).

Ob wir es von Herzen ernst meinen, macht einen großen Unterschied bei der Suche nach Wahrheit. Die antiken religiösen Leiter lieferten mit ihrer Heuchelei ein entsprechendes Negativbeispiel. Ihr Wunsch, an ihren eigenen Ideen und ihrer Autonomie – und letztlich ihren eigenen Sünden – festzuhalten, machte sie taub und blind für die Wahrheit … trotz ihres Eifers, religiöse Fragen zu stellen.

Die gute Nachricht für uns ist: Wenn wir Jesus ernsthaft suchen, auf ihn hören und ihm gehorchen, werden wir ihn umso mehr lieben. Und je mehr wir ihn lieben, desto weniger neigen wir dazu, uns an alte Ansichten und Ideale zu klammern, um unsere Sünden zu rechtfertigen. Stattdessen werden wir darauf brennen, Neues zu lernen und die Wahrheit zu erkennen – immer und immer wieder. Halleluja, denn das Letzte, was wir wollen, ist, uns in den Dingen zu irren, die wirklich wichtig sind.

Gebetsfokus

Denk im Gebet über das größte Gebot nach (vgl. Matthäus 22,37-40). Bitte Gott, dir zu helfen, ihn von ganzem Herzen, mit ganzer Seele und ganzem Verstand zu lieben und andere zu lieben wie dich selbst. Bitte ihn, dir zu zeigen, wo du dich von alten Vorstellungen lösen und Neues lernen sollst. Bitte ihn auch um die richtige Herzenshaltung, damit du seine liebevollen Korrekturen annehmen kannst.

Die nächsten Schritte

- Überlege ehrlich, in welcher Situation du dir vielleicht schon mal Rechtfertigung deiner Ansichten von Gott gewünscht hast, anstatt ehrlich zu fragen, wie er die Sache sieht. Welche Frage(n) hast du Gott gestellt, und was wolltest du damit rechtfertigen?
- Was war bisher der größte Stolperstein auf deinem Glaubensweg? Und was hindert dich aktuell am meisten daran, deine Beziehung zu Jesus zu vertiefen?
- Auf einer Skala von 1 bis 10: Wie sehr bist du daran interessiert, Neues zu lernen und von Gottes Wahrheit überzeugt zu werden?

HEILUNGEN UND SO …

Tag 12

AUGEN, DIE SEHEN

»Unterwegs sah Jesus einen Mann, der von Geburt an blind war. ›Rabbi‹, fragten die Jünger, ›wer ist schuld daran, dass dieser Mann blind ist? Hat er selbst Schuld auf sich geladen oder seine Eltern?‹ ›Weder noch‹, antwortete Jesus. ›Vielmehr soll an ihm die Macht Gottes sichtbar werden.‹«
Johannes 9,1-3

In einer Kultur, in der alles Negative dem Fehlverhalten eines Menschen zugeschrieben wurde, war ein unverdientes Unglück ein Widerspruch in sich. Wer einen Schicksalsschlag erlitt, hatte es verdient. Dieses karmaähnliche Glaubenssystem war nicht nur furchtbar deprimierend, es ließ auch den wichtigsten Faktor außen vor: die Art, wie Gott wirkt.

Hätten die Jünger sich fünf Sekunden Zeit genommen, um sich an die Geschichte von Hiob oder eines anderen alttestamentlichen Leidensgenossen zu erinnern, sie hätten vermutlich die Klappe gehalten. Aber festgefahrene Ansichten haben die unangenehme Eigenschaft, uns die Sicht zu vernebeln, und so kam es zu der Frage über den Blinden.

Ironischerweise taten Hiobs Freunde damals schon genau das Gleiche. Nachdem sie Hiob eine Weile still in seiner Trauer beigestanden hatten, fingen sie an, die Schuldfrage zu stellen. Und sie waren sich einig, dass Hiob irgendetwas Schwerwiegendes verbrochen haben musste, um so von Gott gestraft zu werden. Anders kann man sich so großes Leid doch nicht erklären. Oder?

Offensichtlich hatten Hiobs Freunde keine Ahnung, was zwischen Gott und Satan in den himmlischen Sphären vor sich ging (vgl. Hiob 2). Sie wussten nicht, dass die ganze Situation ein Test war, dessen Ausgangspunkt ausgerechnet Hiobs Rechtschaffenheit war. Mit anderen Worten: Hiob hatte nichts falsch gemacht. Und auch der Blinde nicht. Ihre Nöte hatten nichts, aber auch gar nichts mit Sünde oder Karma zu tun, dafür umso mehr mit Gottes Macht. Denn letztlich dienten beiden Szenarien genau demselben Ziel – dass Gottes Eingreifen offenbar wurde.

Und das wurde es. Aber so bedeutsam körperliche Heilung auch ist, das Geschenk des Augenlichts war nicht der Höhepunkt der ganzen Sache. Die Geschichte ging nämlich noch weiter. Einige Zeit später fragte Jesus den Geheilten:

> *»›Glaubst du an den Menschensohn?‹ ›Herr, sag mir, wer es ist, damit ich an ihn glauben kann!‹, erwiderte der Geheilte. ›Du hast ihn schon gesehen, und in diesem Augenblick spricht er*

> *mit dir!‹, gab sich Jesus zu erkennen. ›Ja, Herr‹, rief jetzt der Mann, ›ich glaube!‹ Und er warf sich vor Jesus nieder.«*
> *Johannes 9,35-38*

Der Mann sah und glaubte an den Messias, der ihn geheilt hatte. Das war die Krönung der Geschichte. Hiob machte – ohne zuvor körperlich blind gewesen zu sein – eine ähnliche Erfahrung und kam zu folgendem Schluss: *»Herr, ich kannte dich nur vom Hörensagen, jetzt aber habe ich dich mit eigenen Augen gesehen!« (Hiob 42,5).*

Die Fähigkeit, Gott zu erkennen, ist die Krönung eines jeden Menschenlebens. Solche Erlebnisse finden sich immer wieder in der Bibel. Aber selten geschieht das in angenehmen Situationen. Meistens geht der Begegnung mit Gott irgendeine Notsituation voraus. Der Prophet Jesaja hat es so ausgedrückt:

> *»Und lässt er auch schlimme Zeiten anbrechen, in denen Sorge und Leid euer tägliches Brot sind, so werdet ihr doch nicht umkommen. Der Herr wird sich nicht länger vor euch verborgen halten, sondern er wird euch unterweisen. Mit eigenen Augen werdet ihr ihn als euren Lehrer erkennen.«*
> *Jesaja 30,20*

Wenn wir anfangen, das Schwere im Leben durch die Linse von Gottes mächtigem Wirken zu sehen, entlarven wir die falschen Annahmen kultureller Glaubenssysteme und eingefahrener religiöser Ideologie. Und weil wir klarer sehen, wer Gott ist, können wir wie Hiob dankbar sagen: »Herr, ich kannte dich nur vom Hörensagen, jetzt aber habe ich dich mit eigenen Augen gesehen.« Und wie der Mann, der von seiner Blindheit befreit wurde, können wir von Herzen bekennen: »Herr, ich glaube!«

Gebetsfokus

Danke Gott dafür, dass er dich sucht und findet, um dich zu heilen und zu befreien. Danke ihm für all die Heilungs- und Befreiungstaten, die er bereits bewirkt hat und die unseren Glauben stärken. Bitte ihn darum, dass deine aktuellen Herausforderungen dir auf ganz neue Weise die Augen öffnen – für ihn und sein Wirken in deinem Leben.

Die nächsten Schritte

- Fällt es dir leicht zu glauben, dass niemand an Leid und Schmerz selbst die Schuld trägt? Warum oder warum nicht?
- Festgefahrene Annahmen haben die unangenehme Eigenschaft, uns die Sicht zu vernebeln. Lass dir von Gott zeigen,

wo du solchen Annahmen Glauben geschenkt hast. Und lass sie von Gottes Wahrheit verändern.

- Welche Schwierigkeiten hat Gott schon benutzt, um tiefe Heilung und wahre Befreiung in deinem Leben zu bewirken?

Tag 13

EINE FRAGE DER ZEIT

»Als Jesus noch mit ihnen redete, kam ein Vorsteher der jüdischen Gemeinde zu ihm, warf sich vor ihm nieder und sagte: ›Meine Tochter ist gerade gestorben. Aber komm doch und leg deine Hände auf sie! Dann wird sie wieder lebendig.‹ Jesus stand auf und folgte dem Mann zu seinem Haus. Die Jünger gingen ebenfalls mit. Schließlich kam Jesus zum Haus des Vorstehers. Als er die Trauermusik hörte und die vielen aufgeregten Leute sah, sagte er: ›Geht alle hinaus! Das Mädchen ist nicht gestorben, es schläft nur.‹ Da lachten sie ihn aus. Als die Leute endlich hinausgetrieben waren, trat Jesus in das Zimmer des Mädchens und nahm die Hand des Kindes. Da stand das Mädchen auf und war gesund. Die Nachricht davon verbreitete sich wie ein Lauffeuer in der ganzen Gegend.«
Matthäus 9,18-19.23-26

»Sie ist nicht gestorben, sie schläft nur.« Die Worte von Jesus haben sich schnell bewahrheitet, als er das kleine Mädchen wieder zum Leben erweckte. Und alles, was der Vorsteher und

trauernde Vater tun musste, war zu fragen. Jesus hörte sofort auf mit dem, was er tat, und eilte zum Bett des geliebten Kindes. Er nahm die Tochter bei der Hand, und sie erhob sich. Das Vertrauen ihres Vaters hatte sich ausgezahlt. Und ziemlich sicher haben sich viele Menschen entschlossen, Jesus zu folgen, als die Nachricht des Wunders sich wie ein Lauffeuer in der ganzen Gegend verbreitete. Und wahrscheinlich weit über diese Gegend hinaus. Ende gut, alles gut.

Oder auch nicht. Denn was war mit den anderen Eltern in dieser Gegend, deren Kinder gestorben waren oder noch sterben würden? Was ist mit all den Kindern in der Geschichte der Menschheit, die gegen Krankheiten gekämpft und verloren haben? Was ist mit den Eltern, die gerade jetzt am Krankenbett eines geliebten Kindes sitzen, die kleinen Hände halten und Gott anflehen, zu kommen und ihr Kind zu heilen? Was ist mit all den Kindern, die Jesus nicht heilt?

Solche Wunderheilungen sind selten und liegen zeitlich weit auseinander, was zu der scheinbar respektlosen und (seien wir ehrlich) etwas verbitterten Frage führt: Was genau sollen wir aus dieser Geschichte mitnehmen?

Unserer Meinung nach ein paar wichtige Wahrheiten:

1. Jesus kommt, wenn man ihn einlädt.

»Merkst du es denn nicht? Noch stehe ich vor deiner Tür und klopfe an. Wer jetzt auf meine Stimme hört und mir die Tür öffnet, zu dem werde ich hineingehen und Gemeinschaft mit ihm haben.«
Offenbarung 3,20

2. Jeder wird geheilt, spätestens im Himmel. Es ist letztlich eine Frage der Zeit.

»Er wird ihnen alle Tränen abwischen. Es wird keinen Tod mehr geben, kein Leid, keine Klage und keine Schmerzen; denn was einmal war, ist für immer vorbei.«
Offenbarung 21,4

3. Gott hält unsere Hand, während wir auf den Himmel warten.

»Denn ich bin der HERR, dein Gott. Ich nehme dich an deiner rechten Hand und sage: Hab keine Angst! Ich helfe dir.«
Jesaja 41,13

Die meisten von uns wollen in solchen Situationen einfach nur das Wunder, die Heilung. Doch das lässt Gottes Gegenwart und sein Versprechen zu einem Trostpreis verkommen. Natürlich waren die Eltern in der Geschichte überglücklich, dass ihre Tochter ins Leben zurückkehrte. Aber Jesus hat hier keinen Präzedenzfall dafür geschaffen, wie er unsere Bitten beantwortet. Es ist gut und richtig, Jesus zu bitten (vgl. Philipper 4,6-7). Wir dürfen und sollen unser Herz im Gebet vor Gott ausschütten und ihm unsere Wünsche mitteilen. Und er begegnet uns dort. Er tröstet, stärkt und befähigt uns zum Weitermachen. Aber aus Gründen, die nur er kennt – der allwissende, allliebende Gott des Universums –, erleben nur sehr wenige Menschen ein Wunder wie dieses, auch wenn sie noch so sehr darum bitten.

In anderer Hinsicht hat Jesus mit diesem Wunder aber dann doch einen Präzedenzfall geschaffen: und zwar für das, was seine Nachfolger erwartet. Genau wie dieses kleine Mädchen werden alle, die zu Christus gehören, eines Tages vom Tod auferstehen. Jesus sagte: *»Ich bin die Auferstehung, und ich bin das Leben. Wer an mich glaubt, der wird leben, selbst wenn er stirbt. Und wer lebt und an mich glaubt, wird niemals sterben« (Johannes 11,25-26).*

Es ist letztlich eine Frage der Zeit.

Gebetsfokus

Danke Gott für seine Gegenwart inmitten von leidvollen Situationen und für sein Versprechen, dir zu helfen, damit du den langen Weg bis zum Himmel durchhalten kannst. Bring ihm alles, was dir gerade schwer auf dem Herzen liegt. Er weiß, was du durchmachst, und er lädt dich ein, offen und ungeschönt mit ihm zu sprechen. Bitte ihn darum, deinen Glauben zu stärken und dir zu helfen, auf seinen Zeitplan zu vertrauen.

Die nächsten Schritte

- Unterstreiche folgende Verse in deiner Bibel: Maleachi 3,6, Psalm 77,14 und Hebräer 13,8. Schreib dir an den Rand: »Gott ändert sich nicht. Er ist immer noch der Gott der Wunder.«
- Erinnere dich an Gottes Treue in schweren Situationen: Wo hast du Gottes Gegenwart besonders deutlich wahrgenommen? Wo hast du vielleicht selbst schon ein Wunder erlebt oder eine übernatürliche Antwort auf eine Frage erhalten?
- Welches Wunder erhoffst du dir noch? Kann die Erwartung des Himmels die Art verändern, wie du darauf wartest?

Tag 14

VERZWEIFLUNGSTATEN

»Unterwegs berührte eine Frau, die seit zwölf Jahren an starken Blutungen litt, von hinten heimlich ein Stück seines Gewandes. Denn sie dachte: ›Wenn ich wenigstens seine Kleider berühren kann, werde ich bestimmt gesund.‹ Jesus drehte sich um, sah sie an und sagte: ›Du kannst unbesorgt sein, meine Tochter! Dein Glaube hat dich geheilt.‹ Im selben Augenblick war die Frau gesund.«
Matthäus 9,20-22

Zwölf Jahre. Zwölf. Das muss man sich mal vorstellen! Blutungen ohne Unterbrechung über eine so lange Periode (Wortspiel nicht beabsichtigt) haben wahrscheinlich alle möglichen zusätzlichen Probleme verursacht: Müdigkeit, Kurzatmigkeit, Blässe oder Gelbfärbung der Haut, Schwindel, Ohnmacht und Herzrhythmusstörungen. Der Blutung lag vermutlich eine Krankheit zugrunde: vielleicht ein hormonelles Ungleichgewicht, eine Schilddrüsenerkrankung oder sogar Krebs – um nur ein paar Möglichkeiten zu nennen. Hinter diesem schwer erträglichen Symptom steckte also etwas noch viel Schlimmeres.

Die Lage der Frau war aber nicht nur wegen ihrer körperlichen Beschwerden furchtbar. Zweifelsohne litt sie auch emotional. Denn jüdische Frauen galten nach dem levitischen Gesetz während der Menstruation als unrein und waren daher vom gesellschaftlichen Leben weitgehend ausgeschlossen. Medizinisches Wissen über Keime und Viren gab es in der Antike kaum, und die medizinischen Behandlungsmöglichkeiten waren sehr begrenzt. Aber es war bekannt, dass Krankheiten durch Blut und andere Körperflüssigkeiten übertragen werden können. Deshalb sollten menstruierende Frauen eine Quarantäne von sieben Tagen einhalten, um sich selbst, ihre Familie und ihre Gemeinschaft zu schützen. Ging die Blutung über die sieben Tage hinaus, galt die Frau weiterhin als unrein (vgl. 3. Mose 15,25).

Das nur als Vorrede, um zu verdeutlichen, wie verzweifelt und höchstwahrscheinlich auch vereinsamt die blutende Frau wirklich war. Bis sie Jesus begegnete.

Es muss die reine Verzweiflung gewesen sein, die sie an diesem Tag – verbotenerweise – aus der Isolation in die Menschenmenge trieb. Wie wir aus Lukas 8,43 wissen, hatte sie bereits unzählige Ärzte konsultiert und ihr ganzes Geld dafür ausgegeben. Aber niemand hatte ihr helfen können. Wahrscheinlich waren ihre Hoffnung und ihr Glaube geschwunden, nachdem nichts und niemand ihr helfen konnte. Vermutlich hatte ihr Unglück auch tragische Auswirkungen auf die Menschen, die sie liebte. Und wahrscheinlich war dieser Wanderprediger, der Gerüchten zufolge auf wundersame Weise heilen konnte, ihre letzte Hoffnung.

Falls wir denken, wir hätten nichts mit dieser Frau gemeinsam – doch, haben wir. Ihre Lebensumstände mögen speziell gewesen sein, aber das Thema ist universell: Verzweiflung treibt uns zu Jesus. Gott kann schwierige Situationen nutzen, um uns zu sich zu ziehen. Er möchte uns von unserer Selbstgenügsamkeit befreien, damit wir uns ganz auf ihn verlassen. Er möchte uns klarmachen, dass nichts und niemand für uns tun kann, was er für uns tut. Und er möchte uns vorbereiten auf das, was noch auf uns zukommt.

Es sind gerade die verzweifelten Zeiten, die uns zu Jesus führen. Und es sind die verzweifelten Zeiten, die uns immer wieder daran erinnern, uns an ihn zu halten.

Wer weiß, ob die blutende Frau Jesus jemals aufgesucht und ihn als Messias erkannt hätte, wenn sie nicht in dieser verzweifelten Lage gewesen wäre. Viele Menschen blieben an diesem Tag zu Hause. Andere sahen Jesus zwar vorbeigehen, kehrten aber unberührt nach Hause zurück und gingen einfach weiter ihren Beschäftigungen nach. Aber die blutende Frau wurde von Jesus verändert. Nachdem er mit ihr gesprochen hatte, war nichts mehr so wie vorher. Es war ihre Verzweiflung, die sie zu ihm getrieben hatte. Und wir können davon ausgehen, dass sie ihm den ganzen Weg in den Himmel gefolgt ist: dorthin, wo es keine Verzweiflung mehr gibt.

Gebetsfokus

Seien wir ehrlich: Keiner von uns will leiden, egal, wie stark unser Glaube ist. Du kannst mit Gott offen über deine Situation sprechen und ihm deine Verzweiflung bringen, wenn du gerade Schweres durchmachst. Sage ihm ehrlich, wie sehr du dich nach Hilfe sehnst. Bitte ihn um Heilung, Hilfe, Kraft zum Ausharren. Und bitte ihn auch, dir zu zeigen, wie er genau das, wovon du dir Befreiung erhoffst, zu deinem Wohl und zu seiner Ehre gebrauchen kann.

Wenn dein Leben gerade frei von Sorgen und Nöten ist, preise Gott dafür und danke ihm für diese Oase in deinem Leben. Bitte ihn, dich auf Zeiten der Not vorzubereiten, damit dich jede Verzweiflung, die vielleicht noch kommt, direkt in seine Arme treibt.

Die nächsten Schritte

- Überlege, worin deine aktuelle Verzweiflung besteht. Was in der Welt oder in deinem persönlichen Leben lässt dich verzweifeln?
- Erinnere dich: Wie hat Gott deinen Schmerz bereits konstruktiv genutzt?
- Lies Psalm 23 und wiederhole den letzten Vers dreimal. Nimm diese Wahrheit für dich in Anspruch, dass Gottes Güte und Liebe dich dein Leben lang begleiten – auch und gerade an den allerschlimmsten Tagen.

Tag 15

»JA, HERR!«

»Als Jesus weiterging, liefen ihm zwei Blinde nach und schrien: ›Du Sohn Davids, hab Erbarmen mit uns!‹ Sie folgten ihm bis in das Haus, in dem er wohnte. Jesus fragte sie: ›Glaubt ihr denn, dass ich euch helfen kann?‹ ›Ja, Herr!‹, antworteten sie. Da berührte er ihre Augen und sagte: ›Was ihr mir zutraut, das soll geschehen!‹ Sofort konnten sie sehen. Jesus aber befahl ihnen nachdrücklich: ›Niemand darf von eurer Heilung erfahren!‹ Trotzdem gingen sie los und erzählten in der ganzen Gegend von Jesus.«
Matthäus 9,27-31

Zwei blinde Männer, die Jesus schreiend nachliefen, haben vermutlich einen ziemlichen Aufruhr verursacht. Zweifellos erregte ihre Lautstärke die Aufmerksamkeit der Menschen, aber auch ihre Worte, denn »Sohn Davids« war ein messianischer Titel, der sich auf den einen bezog, der 1. Hunderte von alttestamentlichen Prophezeiungen erfüllen würde, einschließlich 2. ein Nachkomme König Davids zu sein, der kommt, um 3. das Volk Israel zu retten und zu erlösen. Jesus als »Sohn Davids« zu bezeichnen sollte also jeden in Hörweite wissen lassen, dass dieser Wanderprediger am Straßenrand der Erlöser der Welt war.

»Glaubt ihr, dass ich euch helfen kann?«
»Ja, Herr.«

Eigentlich hatten die Männer die Antwort auf diese Frage schon durch die halbe Stadt geschrien. Aber Jesus gab ihnen die Möglichkeit, ihm ganz direkt zu antworten – und zwar auf eine Weise, die ihr Leben veränderte. Mit ihrer Antwort gingen die beiden Blinden über ihre Bitte hinaus und ergaben sich Jesus, indem sie ihn »Herr« nannten. Jemanden »Herr« zu nennen, ist eine Anerkennung seiner Autorität, während gleichzeitig der eigene Mangel an Autorität eingestanden wird. Denn wir Menschen haben im Grunde nur sehr wenig Kontrolle über irgendetwas. Und diese blinden Männer wussten das besser als die meisten anderen. Sie konnten nicht arbeiten und damit auch keine Familie ernähren. Sie wurden von vielen Menschen schlecht behandelt und sogar für ihren Zustand verantwortlich gemacht. Denn Blindheit galt als Strafe für sündhaftes Verhalten. Sie wurden übersehen, bestenfalls bemitleidet, waren weitgehend hilflos und wahrscheinlich ziemlich hoffnungslos. Aber dieser extreme Mangel führte sie zu dem, der allen Mangel ausgleichen kann, und brachte sie dazu, sich Jesus anzuvertrauen.

Die wenigsten von uns müssen körperliche Blindheit erleben. Aber wir alle kennen geistige und geistliche Blindheit und müssen davon geheilt werden. Deshalb werden wir in der Bibel immer wieder aufgefordert, Jesus zum Herrn unseres Lebens zu machen, unsere Hoffnung auf ihn zu setzen und zu glauben, dass er für uns tun kann, was kein anderer tun kann. Wir dürfen daran glauben, dass er uns sehend macht.

> *»Und wir wissen: Der Sohn Gottes ist zu uns gekommen, damit wir durch ihn Gott kennen lernen, der die Wahrheit ist. Nun sind wir eng mit dem wahren Gott verbunden, weil wir mit seinem Sohn Jesus Christus verbunden sind. Ja, Jesus Christus ist selbst der wahre Gott. Er ist das ewige Leben.«*
> *1. Johannes 5,20*

»Was ihr mir zutraut, das soll geschehen!« Fürs Protokoll: Es war nicht so, dass diese Jungs einen besonders großen Glauben hatten. Im Gegenteil, sie waren unerfahren, ungebildet und in ihrer Haltung fast schon fordernd. Und sie hatten vermutlich keine Ahnung, wie eine Beziehung mit dem Erlöser der Welt aussehen könnte. Aber ihre Verzweiflung in Kombination mit ihrem Glauben an Jesus als ihren Retter brachte die Wende. Mehr war nicht nötig.

Gebetsfokus

Schütte dein Herz bei Jesus aus, denn er allein hat die Macht, dich zu verändern. Er kennt deine Ecken und Kanten und hat kein Problem mit deiner Bedürftigkeit. Gestehe deine eigene Ohnmacht ein und erkenne seine Macht an. Probiere aus, was es in dir bewirkt, wenn du laut aussprichst, dass Jesus der Herr ist – über dein Herz, deine Umstände, dein Leben und über die ganze Welt. Danke ihm dafür, dass jeder Schmerz dich zu ihm führen kann.

Die nächsten Schritte

- Überlege, was momentan deine größten Nöte sind.
- Jesus nachzufolgen bedeutet, die Kontrolle an ihn abzugeben. Sei ehrlich zu dir selbst: Wenn du an deine Nöte oder Ängste denkst, inwiefern versuchst du noch, selbst die Kontrolle zu behalten? Wie könntest du dich Jesus mehr anvertrauen?
- Lies Sprüche 3,5-7 und nimm dir Zeit, um Jesus als Herrn über deine Bedürfnisse anzuerkennen: »Herr, du hast alles unter Kontrolle, auch … Du bist mächtiger als … Du hältst mein Leben, und alle, die ich liebe, in deiner Hand.«

Tag 16

DAS ZIEL

»Danach zog Jesus durch alle Städte und Dörfer in dieser Gegend. Er lehrte in den Synagogen und verkündete überall im Land die rettende Botschaft von Gottes Reich. Wohin er auch kam, heilte er die Kranken und Leidenden.«
Matthäus 9,35

Bei dieser besonderen Heilungstour ging es nicht nur um die Wunder – auch wenn das auf den ersten Blick vielleicht so aussehen mag. Aber Jesus verbrachte auch viel Zeit mit Lehren. Nur haben Wunderheilungen die Tendenz, allem anderen die Show zu stehlen. Und das ist in Ordnung, denn jedes Wunder – oder auch dessen Ausbleiben – dient letztlich einem höheren Zweck. Doch angesichts dieser regelrechten Flut an Heilungen mögen sich manche fragen: Warum heilte Jesus all diese Leute und nicht Person XY, die mir am Herzen liegt?

Gehen wir noch mal einen Schritt zurück. Vor alldem gab es nämlich einen Gelähmten, ein Dach und eine sehr klare Erklärung, warum Jesus tat, was er tat.

»Da kamen vier Männer, die einen Gelähmten trugen. Weil sie wegen der vielen Menschen nicht bis zu Jesus kommen konnten, deckten sie über ihm das Dach ab. Durch diese Öffnung ließen sie den Gelähmten auf seiner Trage hinunter. Als Jesus ihren festen Glauben sah, sagte er zu dem Gelähmten: ›Mein Sohn, deine Sünden sind dir vergeben!‹ Aber einige der anwesenden Schriftgelehrten dachten: ›Was bildet der sich ein? Das ist Gotteslästerung! Nur Gott allein kann Sünden vergeben.‹ Jesus erkannte sofort, was in ihnen vorging, und fragte: ›Wie könnt ihr nur so etwas denken! Ist es denn leichter, zu diesem Gelähmten zu sagen: ›Dir sind deine Sünden vergeben‹, oder ihn zu heilen? Aber ich will euch beweisen, dass der Menschensohn die Vollmacht hat, hier auf der Erde Sünden zu vergeben.‹ Und er forderte den Gelähmten auf: ›Steh auf, nimm deine Trage und geh nach Hause!‹ Da stand der Mann auf, nahm seine Trage und ging vor aller Augen hinaus. Die Leute waren fassungslos. Sie lobten Gott und riefen: ›So etwas haben wir noch nie erlebt!‹«

Markus 2,3-12

Sein Ruf, dass Jesus Kranke heilen konnte, war ihm vorausgeeilt. Deshalb brachten die Freunde den Gelähmten zu ihm. Doch anstatt den Gelähmten sofort zu heilen, vergab Jesus ihm erst mal seine Sünden – und löste damit einen Sturm der Entrüstung aus, denn nur Gott kann Sünden vergeben. Eigentlich ist Gott auch der Einzige, der jede Art von Krankheiten oder Problemen wirklich heilen kann. Aber das sahen die Leute damals genauso wenig wie heute. Erst das mit der Sündenvergebung veränderte alles. Denn solange Jesus »nur« ein Heiler war, hatte das keine große Relevanz für das religiöse Establishment. Aber wenn Jesus Gott in Menschengestalt war ... Das würde eine ganz andere Art von Antwort erfordern – auch von der religiösen Elite. Es würde die Anerkennung seiner Autorität und die persönliche Unterordnung erfordern und damit die Veränderung des ganzen Lebens.

Ehrlich gesagt ist es viel leichter, einfach zu bekommen, was wir wollen, anstatt für das, was wir wissen, geradezustehen. Aber Jesus machte deutlich: Die Wunder waren der Beweis für seine Identität und verwiesen auf eine noch größere Hoffnung als nur die körperliche Heilung. Und zwar auf ...

1. die Vergebung der Sünden,
2. eine wiederhergestellte Beziehung zu unserem Schöpfer,
3. eine Ewigkeit ohne Schmerz, Leid und ungute Bindungen.

Jesus heilte Menschen körperlich, um seine Fähigkeit zu geistiger Heilung und Rettung der Seele zu demonstrieren (vgl. Galater 5,1). Das war sein eigentliches Ziel. Er heilte, damit Menschen damals und heute und in alle Ewigkeit die Wahrheit erkennen. Jesus kam, um unsere Seelen zu retten. Und das tut er auf jeden Fall – unabhängig davon, ob er auch unsere irdischen Körper heilt oder nicht.

Gebetsfokus

Danke Gott dafür, dass er in Jesus auf die Erde gekommen ist, damit wir ihn kennen und mit ihm versöhnt werden können. Danke ihm für alles in deinem Leben, was dich dazu treibt, ihn zu suchen – auch für Schmerzen und Kämpfe, die offenbaren, wie sehr du Jesus brauchst. Bitte ihn, dir zu helfen, ihm von ganzem Herzen vertrauen zu können.

Die nächsten Schritte

- Lies Philipper 2,5-11. Was weißt du über Jesus?
- Jesus machte seinen Jüngern gegenüber klar, was das eigentliche Ziel hinter seinen Wundertaten war: Menschen zu sich zu ziehen und verlorene Seelen zu retten. Verändert

das deine Sicht auf Heilung beziehungsweise Nicht-Heilung?

- Wer in deinem Umfeld braucht Jesus? Und wie könntest du dazu beitragen, dass diese Person Jesus kennenlernt?

Tag 17

AUF INS FELD

»›Die Ernte ist groß, aber es gibt nur wenige Arbeiter‹, sagte Jesus zu seinen Jüngern. ›Darum bittet den Herrn, dass er noch mehr Arbeiter aussendet, die seine Ernte einbringen.‹«
Matthäus 9,37-38

Als Jesus durch die Menschenmenge ging, sah er mehr als traurige Gesichter und kranke Körper. Er sah seine Geschöpfe – wunderbare Meisterwerke, die er im Mutterleib einzigartig geformt hatte (vgl. Psalm 139,13-15). Der Mensch spiegelt Gottes Herrlichkeit wider (vgl. 1. Korinther 11,7). Aus seinem verborgenen Wissen und grenzenlosen Mitgefühl heraus sprach Jesus von der reichen Ernte und den fehlenden Arbeitern, um die verlorenen Seelen zu retten. Bis zu diesem Zeitpunkt war Jesus der einzige Vermittler zwischen den bedürftigen Massen und Gott dem Vater gewesen. Aber nun sollten auch diese zwölf Männer, die Jesus auserwählt hatte, die Vollmacht bekommen, Kranke zu heilen, Dämonen auszutreiben und Tote aufzuerwecken (vgl. Matthäus 10,8).

Waren sie dazu bereit? Nein, nicht mal ansatzweise. Sie verstanden ja nur wenig von dem, was Jesus sagte. Und sie hatten keine Erfahrung mit all diesen Dingen. Und deshalb sprach Jesus davon, dass sie zuerst den Vater bitten sollten, Arbeiter zu senden. Er bestätigte damit, was er von Anfang an demonstriert hat: Es gibt eine richtige Reihenfolge der Dinge. Und das Erntegeschäft beginnt mit dem Gebet zum Vater, denn das Feld gehört ihm. Er ist der Herr darüber, und nur er kann wiederherstellen, was zerbrochen und krank ist.

Mit anderen Worten: *»Wenn der HERR nicht das Haus baut, dann ist alle Mühe der Bauleute umsonst« (Psalm 127,1).* Die Frage ist: Wen schickt der Vater? Ganz einfach: Menschen, die seinen Sohn kennen. Nicht diplomierte Schlaumeier, die Macht ausüben oder mit fundiertem Bibelwissen Eindruck schinden wollen. Diese Leute verfolgen in der Regel ihre eigene Agenda und lassen sich von niemandem aussenden. Deshalb schickt Gott Arbeiter, die radikal verwandelt worden sind, weil sie sich seinem Sohn anvertraut haben. Menschen, die demütig genug sind, nicht ihre eigenen Pläne durchsetzen zu wollen, werden berufen, die lebensverändernde Feldarbeit des Vaters zu tun.

Damit kommen wir zum zweiten Punkt der Erntearbeit: Die Arbeiter werden losgeschickt. Sobald der Vater grünes Licht gegeben hatte, *»rief Jesus seine zwölf Jünger zu sich und* *gab ihnen die Macht, böse Geister auszutreiben und alle Kranken und Leidenden zu heilen« (Matthäus 10,1).* Diese zwölf Männer, die nur einen Teil von seinen Worten verstanden hatten, wurden zu Vermittlern seines verborgenen Wissens und seiner grenzenlosen Barmherzigkeit. Kühn predigten sie in seinem Namen, heilten Menschen durch seine Autorität und brachten eine reiche Ernte von geretteten Seelen ein.

Wie die Jünger sind auch die meisten von uns keine diplomierten Schlaumeier. Auch wir verstehen nicht alles, was Jesus über das Erntegeschäft sagt. Aber das Feld gehört Gott. Wir müssen uns nicht unter Leistungsdruck setzen, sondern dürfen einfach unter Gottes Autorität arbeiten. Jeder Mensch, dem wir begegnen, ist Gottes Meisterwerk, das er nach seinem Ebenbild und mit einer besonderen Bestimmung geschaffen hat. Und wir können in dieser Welt Gottes Hände und Füße sein – Arbeiter, die dazu berufen und bevollmächtigt sind, zu predigen, zu heilen und das Leben von Menschen im positiven Sinn auf den Kopf zu stellen.

Gebetsfokus

Bitte den Herrn der Ernte, dass er Arbeiter in sein Feld schickt. Und bitte ihn, dich zur Erntearbeit zu befähigen und auszusenden.

Die nächsten Schritte

- Schüchtert dich der Gedanke ein, ausgesandt zu werden? Wenn ja, warum? Hast du das Gefühl, dass du nicht genug weißt? Dass du nicht überzeugend auftreten kannst? Lies noch einmal Matthäus 9,36-38 und lass diese Verse auf dich wirken.
- Erinnere dich an eine Situation, in der du anderen von deinem Glauben an Jesus erzählt hast. Sprich mit Gott darüber, wie es dir in dieser Situation ging und was dir helfen könnte, deinen Glauben noch mehr mit anderen zu teilen.
- Lies Apostelgeschichte 4,13. Welche Wirkung hatte das Auftreten von Petrus und Johannes – vor allem angesichts der Tatsache, dass sie ungebildete, einfache Männer waren?

Tag 18

KLUG WIE DIE SCHLANGEN

»Denkt daran: Ich schicke euch wie Schafe mitten unter die Wölfe. Seid klug wie Schlangen, und doch frei von Hinterlist wie Tauben.«
Matthäus 10,16

Bevor er die Jünger auf eigene Faust losschickte, stattete Jesus sie mit seiner Autorität aus und gab ihnen praktische Anweisungen mit – und ein paar Tiergleichnisse. Der Schafe-unter-Wölfen-Vergleich war ein schlüssiges Bild, das er bereits in der Bergpredigt in Bezug auf falsche Propheten verwendet hatte (vgl. Matthäus 7,15-20). Auch die Sache mit den Tauben war leicht zu verstehen, denn Tauben gelten als sanft und symbolisieren den Frieden. Aber Schlangen? Von allen Tieren, die Jesus zur Auswahl hatte, wählte er ausgerechnet das Tier, das am stärksten mit dem Bösen assoziiert wurde. Seltsam, oder?

Ein allzu positives Bild von der Schlange schien Jesus selbst auch nicht zu haben. Jedenfalls quittierte er die Heuchelei der

Pharisäer mit den Worten: *»Ihr Schlangenbrut! Wie wollt ihr der Hölle entrinnen, zu der Gott euch verurteilen wird?« (Matthäus 23,33)*, was eine ziemlich heftige Beleidigung für beide war – die Pharisäer und die Schlangen.

Im Alten Testament gibt es etliche Beispiele dafür, dass Schlangen alles andere als beliebt waren. In einem seiner Lieder verglich David die Lügen der Gottlosen mit dem Gift von Schlangen (vgl. Psalm 58,4-5). Der Prophet Jesaja setzte die Bösen mit denen gleich, die Natterneier ausbrüten (vgl. Jesaja 59,5). Und wer könnte vergessen, dass Satan im Garten Eden seine tödlichen Lügen durch den Mund einer Schlange sprach (vgl. 1. Mose 3,1-7)? Das Tier hatte wirklich von Anfang an einen miesen Ruf.

Einen glanzvollen Moment hatte die Schlange jedoch: In 4. Mose 21,4-9 wird beschrieben, wie die Israeliten sich gegen Gottes Plan auflehnten und mit einer Plage tödlicher Giftschlangen gestraft wurden. Als Mose um Hilfe für die sterbenden Israeliten betete, erhielt er von Gott den Auftrag, eine bronzene Schlange zu schmieden, sie an einen Stab zu hängen und in der Mitte des Lagers aufzustellen. Und dann – bäm! Alle Israeliten, die auf die Schlange schauten, wurden gesund und überlebten die Bisse der Schlangen.

Die Schlange auf dem Pfahl hatte sowohl symbolische als auch prophetische Bedeutung. Sie verwies auf Jesus am Kreuz, dessen Opfer alle Menschen, die an ihn glauben, vor dem ewigen Tod rettet (vgl. Johannes 3,14-15). Wir Menschen hatten Erlösung schon lange nötig: seit dem Erlebnis mit der Schlange im Garten Eden, als Adam und Eva sich fragten, ob Gott wirklich gut war, und der Schlange mehr Glauben schenkten als Gott. Wegen ihres Ungehorsams verfluchte Gott alle Beteiligten und alle folgenden Generationen. Dann sagte er zu der Schlange: *»Von nun an werden du und die Frau Feinde sein, auch zwischen deinem und ihrem Nachwuchs soll Feindschaft herrschen. Er wird dir auf den Kopf treten, und du wirst ihn in die Ferse beißen!« (1. Mose 3,15).*

Der »Er«, den Gott meinte, war Jesus. Das »auf den Kopf Treten« war sein vollständiger Sieg über den Feind durch Jesu Tod und Auferstehung. Diese Gesamtabrechnung wird als das »Protevangelium« bezeichnet, was »das erste Evangelium« bedeutet, weil es die erste Ankündigung des kommenden Erlösers in der Heiligen Schrift ist.

Generationen nachdem Gott der Schlange gesagt hatte, sie würde zermalmt werden, befahl er Mose, die Schlange als Symbol auf den Pfahl zu setzen. Ironischerweise nahm er also genau das, was im Begriff stand, sein Volk zu vernichten, als Instrument zu seiner Rettung.

Vielleicht riet Jesus ja seinen Jüngern, so schlau wie Schlangen zu sein, gerade weil Schlangen mit Lügen und Bösem assoziiert wurden. Schließlich war die Zeit gekommen, um die Ankunft der Wahrheit und der Liebe zu proklamieren – des

Erlösers, der die Schlange zerstören und seinem Volk endgültige Rettung bringen würde.

Vielleicht aber auch nicht. Möglicherweise gebrauchte Jesus den Vergleich einfach nur, weil Schlangen nun mal als schlau gelten. So in die Richtung: »Leute, seid vorsichtig. Passt auf. Seid klug.«

Vielleicht war es so simpel.

Gebetsfokus

Wenn du losgeschickt wirst wie ein Schaf unter Wölfe, dann bete, dass Gott dich so schlau wie eine Schlange und so sanft wie eine Taube macht. Bitte ihn aber auch um Weisheit und Unterscheidungsvermögen, um Lügen entlarven und Böses erkennen zu können. Bete um Mut und Kühnheit, um das Evangelium den Menschen weiterzusagen, die Heilung und Rettung dringend nötig haben.

Die nächsten Schritte

- Gott hatte schon immer einen Plan, um den Feind zu vernichten. Wie beurteilst du angesichts dieser Tatsache die Schachzüge des Feindes?

- Jesus gab seinen Schülern praktische Anweisungen, bevor sie in seinem Namen loszogen. Hat Gott dir auch schon mal konkrete Hinweise gegeben? Wenn ja, welche?
- Die Bibel ist voll von Symbolen und Bildern. Welche Metaphern magst du besonders? Wie stehst du zum Bild der Schafe, das in der Bibel ja mehrfach vorkommt?

Tag 19

DER GUTE HIRTE

»Ich aber bin der gute Hirte und kenne meine Schafe, und sie kennen mich; genauso wie mich mein Vater kennt und ich den Vater kenne. Ich gebe mein Leben für die Schafe.«
Johannes 10,14-15

Für diejenigen, die in einem christlichen Umfeld aufgewachsen sind, ist das Bild von Jesus als dem guten Hirten sehr vertraut. Viele werden sich an mehr oder weniger kitschige Gemälde erinnern, auf denen Jesus mit einem Lamm auf den Schultern über eine Wiese geht. Ein herzerwärmendes Bild! Aber weit mehr als das.

Als Jesus die Aussage machte: »Ich bin der gute Hirte«, sprach er zu den religiösen Leitern, die seine Identität leugneten. Bei zahlreichen Gelegenheiten beschuldigten sie ihn der Gotteslästerung und behaupteten sogar, dass hinter seinen Wundern dämonische Mächte stünden (vgl. Matthäus 12,24). Der Grund für ihre Anschuldigungen war einfach:

Wenn sie Jesus als zerstörerisch oder böse darstellen konnten, war es leichter, die Kontrolle über ihre »Schäfchen« zu behalten. Daher die Notwendigkeit der Metapher vom guten Hirten. Sie veranschaulichte nicht nur die zärtliche Liebe und hingebungsvolle Fürsorge von Jesus, sie diente auch dazu, die falschen Hirten zu entlarven, die das Volk in die Irre führten.

Erstens bezeichnete Jesus falsche Lehrer als Diebe und Räuber, was eine wenig subtile Anspielung auf den Dieb war, der kommt, um zu stehlen, zu töten und zu zerstören (vgl. Johannes 10,10). Zweitens verglich er sie mit angestellten Hirten, denen die Schafe nicht gehören: *»Anders ist es mit einem, dem die Schafe nicht gehören und der nur wegen des Geldes als Hirte arbeitet. Er flieht, wenn der Wolf kommt, und überlässt die Schafe sich selbst. Der Wolf fällt über die Schafe her und jagt die Herde auseinander. Einem solchen Mann liegt nichts an den Schafen« (Johannes 10,12-13).*

Das war für die damaligen Zuhörer kein neues Thema. Auch im Alten Testament gibt es Hinweise auf falsche Hirten. *»So spricht Gott, der HERR: Wehe euch, ihr Führer Israels! Ihr solltet für mein Volk wie Hirten sein, die ihre Herde auf eine gute Weide führen. Aber ihr sorgt nur für euch selbst. Die Milch der Schafe trinkt ihr, aus ihrer Wolle webt ihr euch Kleidung, und die fetten Tiere schlachtet ihr. Aber um eure Herde kümmert ihr euch nicht!« (Hesekiel 34,2-3).*

Falsche Lehrer gibt es schon immer. Und letztlich läuft alles auf Folgendes hinaus: Ein Hirte, der sich nicht wirklich um seine Schafe kümmert, ist kein echter Hirte. Er ist auch nicht gut. Ein Gott, der sich nicht um seine Geschöpfe kümmert, ist kein echter Gott. Jesus ist der Gute Hirte, der seine Schafe kennt und sie mit Namen ruft (vgl. Johannes 10,3). Er ist liebevoll und sorgt für jeden einzelnen Menschen, der mit ihm unterwegs ist. Er ist keine weit entfernte nebulöse »Macht«, die religiöse Aktivitäten, Opfer oder rituelle Gebete verlangt. Ob wir in den Himmel kommen, hängt nicht von unseren Fähigkeiten ab. Den Zugang zu Gott können wir uns nicht verdienen. Wir sind nur Schafe.

Das ist der Sinn hinter der Metapher vom guten Hirten. Gottes Sohn, der durch und durch göttlich und durch und durch menschlich war, hat sein Leben für seine Schafe geopfert (vgl. Johannes 10,18). Und ob wir das glauben oder nicht, hat ewige Konsequenzen. Deshalb hat Jesus so viel investiert, um uns seine unfassbar große Liebe zu zeigen (vgl. Römer 5,8). Unsere einzige Aufgabe ist es, diese Liebe anzunehmen. Wenn wir glauben, dass Jesus Gottes Sohn ist und dass er sein Leben für uns gegeben hat, haben wir das Privileg, seine Liebe und Fürsorge zu erfahren.

Gebetsfokus

Danke Jesus dafür, dass er der Gute Hirte ist und sein Leben für seine Schafe gegeben hat. Bitte Gott, dir zu helfen, seine Liebe und Fürsorge annehmen zu können, und um die Weisheit, falsche Lehrer zu durchschauen.

Die nächsten Schritte

- Wie geht es dir mit dem Bild von Jesus als dem guten Hirten? Ist es für dich tröstlich und schön? Oder hast du mit dem Konzept deine Schwierigkeiten?
- Die Pharisäer verdrehten alles, was Jesus sagte und tat, zu ihren Zwecken. Hast du schon Erfahrungen mit selbstsüchtigen und falschen »Hirten« gemacht?
- Lies Epheser 2,1-10. Die Idee, dass wir uns den Weg zum Himmel durch gute Werke verdienen können, durchdringt alle Glaubenstraditionen außerhalb des Evangeliums. Aber was sagen diese Verse wirklich über die Erlösung? Was bedeutet es für dich, auszuruhen wie ein Schaf, das einen guten Hirten hat?

Tag 20

EINE ANDERE ART VON FRIEDEN

»Meint nur nicht, ich sei gekommen, um Frieden auf die Erde zu bringen. Nein, ich bringe Kampf! Ich werde Vater und Sohn, Mutter und Tochter, Schwiegertochter und Schwiegermutter gegeneinander aufbringen. Die eigenen Angehörigen werden zu Feinden!«
Matthäus 10,34-36

Jesus sagt in der Bergpredigt, dass Gott die Friedensstifter seine Kinder nennen wird (vgl. Matthäus 5,9). Hier spricht er aber davon, dass er nicht gekommen ist, um Frieden zu bringen, sondern Kampf – in anderen Übersetzungen heißt es auch »das Schwert«.

Wie passen diese beiden Aussagen zusammen? Um das zu verstehen, müssen wir zu Jesajas Prophezeiung über das Kommen des Messias zurückspulen. Jahrhunderte bevor der Engel Maria besuchte (vgl. Lukas 1,26-38), sagte der Prophet Jesaja voraus: *»Denn uns ist ein Kind geboren! Ein Sohn ist uns geschenkt! Er wird die Herrschaft übernehmen. Man nennt ihn*

›Wunderbarer Ratgeber‹, ›Starker Gott‹, ›Ewiger Vater‹, ›Friedensfürst‹«(Jesaja 9,5).

Jesus ist der Friedensfürst. Check.

Jetzt spulen wir vor. Jahrzehnte nachdem der Friedensfürst den Jüngern sagte, dass er nicht gekommen sei, um Frieden zu bringen, begann Johannes sein Evangelium mit diesem kleinen Manifest: *»Am Anfang war das Wort. Das Wort war bei Gott, und das Wort war Gott selbst« (Johannes 1,1).* Kurz darauf folgt: *»Das Wort wurde Mensch und lebte unter uns« (Johannes 1,14).*

Jesus ist das Wort. Check.

Etwa zur gleichen Zeit (plus/minus ein Jahrzehnt) wies der Apostel Paulus die Gemeinde in Ephesus an, den geistlichen Kampf aufzunehmen, indem sie die volle Waffenrüstung Gottes anziehen. Unter anderem sagte er: *»Die Gewissheit, dass euch Jesus Christus gerettet hat, ist euer Helm, der euch schützt. Und nehmt das Wort Gottes. Es ist das Schwert, das euch sein Geist gibt« (Epheser 6,17).*

Das Wort ist das Schwert des Geistes. Check.

Betrachten wir als Nächstes einen Abschnitt aus dem Hebräerbrief:

»Gottes Wort ist voller Leben und Kraft. Es ist schärfer als die Klinge eines beidseitig geschliffenen Schwertes, dringt es doch bis in unser Innerstes, bis in unsere Seele und unseren Geist, und trifft uns tief in Mark und Bein. Dieses Wort ist ein unbestechlicher Richter über die Gedanken und geheimsten Wünsche unseres Herzens.«
Hebräer 4,12

Das Schwert trifft und richtet. Check.

Wenn also das Wort Gottes schärfer ist als jedes zweischneidige Schwert und zwischen Seele und Geist dringen kann, wie viel mehr teilte wohl das menschgewordene Wort Gottes die Menschen, denen es begegnete?

Obwohl Jesus kam, um Frieden in die Herzen der Menschen zu bringen, die an ihn glauben (vgl. Johannes 14,27), war ein irdischer Friede – im Sinne von »Friede, Freude, Eierkuchen« – nicht sein Ziel. Er brachte ein Schwert in Form seines Wortes mit. Er opferte sein Leben, um Herzen zu durchdringen – die Gedanken und Haltungen der Menschen. In dieser Hinsicht war der Friedensfürst ein wahres Pulverfass, und einige der Familien aus seinem engsten Kreis wurden infolgedessen auseinandergesprengt.

Über Jesus werden sich Menschen entzweien. Check. Nichtsdestotrotz erhielten die Jünger den Auftrag, sich um Frieden zu bemühen. Das war kein Widerspruch, denn sie waren ja nicht das Wort, das trennt, oder das Schwert, das richtet. Sie waren seine Boten. Deshalb wies Jesus sie an, den Menschen Frieden zu bringen, die bereit waren, die Botschaft zu empfangen. Wenn Leute ihnen aber nicht zuhören wollten, sollten sie den Staub von ihren Füßen schütteln, als Zeichen dafür, dass sie diese Menschen Gottes Urteil überließen (vgl. Matthäus 10,13-14).

Und wir sollen dasselbe tun. Christen sind nicht dazu berufen, Pulverfässer zu sein, die im Namen Gottes Menschen oder Dinge in die Luft jagen – auch nicht im übertragenen Sinne. Unser Auftrag lautet:

> *»Deshalb geht hinaus in die ganze Welt und ruft alle Menschen dazu auf, meine Jünger zu werden! Tauft sie auf den Namen des Vaters, des Sohnes und des Heiligen Geistes! Lehrt sie, alles zu befolgen, was ich euch aufgetragen habe. Ihr dürft sicher sein: Ich bin immer bei euch, bis das Ende dieser Welt gekommen ist!«*
> *Matthäus 28,19-20*

Und eine Sache, die Jesus uns aufgetragen hat, ist, Frieden zu bringen und es ihm zu überlassen, derjenige zu sein, der urteilt und trennt.

Gebetsfokus

Danke Jesus dafür, dass er der Friedensfürst ist, der zugleich aber auch ein Schwert trägt, das trennt. Bitte ihn, dir zu helfen, diese Spannung zu verstehen und zu akzeptieren. Bete für die Menschen in deinem Umfeld, die nichts von Gottes Frieden wissen und die Jesus noch nicht kennen.

Die nächsten Schritte

- Beunruhigen dich Verse wie Matthäus 10,34-36 oder machen sie dir Mut? Warum?
- Lies Johannes 14,27. Beschreibe den Frieden, den Jesus schenkt, und vergleiche ihn mit dem, was die Welt zu bieten hat.
- Was bedeutet es für dich ganz praktisch in deinem Alltag, ein Friedensstifter zu sein? Gibt es Bereiche, in denen du dich mehr um Frieden bemühen könntest? Wenn ja, wie könnte das konkret aussehen?

Tag 21

LEBEN FINDEN

»Wer sich an sein Leben klammert, der wird es verlieren. Wer aber sein Leben für mich aufgibt, der wird es für immer gewinnen.«
Matthäus 10,39

In der Bibel begegnen wir immer wieder Menschen, die deutlich weniger Probleme damit hatten, ihre Gefühle auszudrücken, als die meisten Leute heutzutage. Zum Beispiel David im Alten Testament: Er verfasste satte 42 Klagepsalmen, in denen er Gott alles vor den Latz knallte, was ihm zu schaffen machte: Not, Verzweiflung, Verluste und Scheitern. Einen davon schloss er mit den Worten: *»Ich bin hilflos und ganz auf dich angewiesen; Herr, sorge für mich, denn du bist mein Helfer und Befreier! Mein Gott, zögere nicht länger!« (Psalm 40,18).*

Wir finden das reichlich emotional. Besonders für einen König.

Das Gleiche gilt für Paulus im Neuen Testament. Er schrieb ungewöhnlich offen über seine Höhen und Tiefen und versuchte gar nicht, sich als großen Glaubensheld zu präsentieren:

»Dabei war ich schwach und elend und zitterte vor Angst. Was ich euch sagte und predigte, geschah nicht mit ausgeklügelter Überredungskunst; durch mich sprach Gottes Geist und wirkte seine Kraft. Denn euer Glaube sollte sich nicht auf Menschenweisheit gründen, sondern auf Gottes rettende Kraft.«
1. Korinther 2,3-5

Heutzutage könnte so viel Ehrlichkeit eine Führungspersönlichkeit leicht ihre Position kosten. Oder ihr zumindest jede Menge Spott einbringen. Zum Glück waren David und Paulus göttlich inspiriert und ließen sich nicht von der öffentlichen Meinung beeinflussen. Denn wir haben das Vorbild ihrer Verzweiflung dringend nötig. Jeder Ausdruck ihrer Not zeigt uns, wie wir mit unseren eigenen Herausforderungen umgehen und sie ertragen können.

Was hat diese beiden Glaubensvorbilder dazu bewogen, sich so verletzlich in ihrer Schwäche zu zeigen? Eine solche Demut kann nur auf eine Weise zustande kommen: indem wir unser Leben verlieren, um es zu finden. Was für ein Paradox! David und Paulus lernten durch ihr Vertrauen auf Gott, sich täglich neu auf ihn zu verlassen. In unzähligen schwierigen

Situationen erlebten sie immer wieder, dass Gott rettet und erlöst. Und so betrachteten sie, wie Paulus sagte, alles als relativ unwichtig – einschließlich ihres eigenen Lebens –, wenn sie dadurch neues Leben in Christus gewinnen konnten:

> *»Denn das ist mir klar geworden: Gegenüber dem unvergleichlichen Gewinn, dass Jesus Christus mein Herr ist, hat alles andere seinen Wert verloren. Um seinetwillen habe ich das alles hinter mir gelassen; es ist für mich nur noch Dreck, wenn ich bloß Christus habe. Mit ihm möchte ich um jeden Preis verbunden sein. (…) Ich will die Kraft seiner Auferstehung erfahren, aber auch seine Leiden möchte ich mit ihm teilen und mein Leben ganz für Gott aufgeben, so wie es Jesus am Kreuz getan hat.«*
> *Philipper 3,8-11*

Das erklärt sicherlich die große Ehrlichkeit von Paulus. Wenn wir unser altes Leben loslassen und uns an Jesus klammern, wenn wir fest auf Gott und unsere Zukunft mit ihm hoffen, können wir nicht anders, als ungewöhnlich offen darüber zu sprechen. Je dramatischer die Rettung, desto weniger Scheu haben wir, unsere Gefühle zu äußern. Denn der Wunsch, die anderen Verzweifelten zu erreichen, überlagert jede Angst vor Spott, Ablehnung, Benachteiligung, Verlust, Leid oder sogar dem Tod. In Christus lassen wir unseren Wunsch los, uns selbst zu schützen oder zu vermarkten, weil wir unser altes Leben gegen ein neues Leben mit Jesus eingetauscht haben.

Wir brennen förmlich darauf, allen zu erzählen, wie schwach, arm und bedürftig wir tatsächlich sind, weil wir genau wissen, von wem unsere Hilfe kommt. Wir haben unseren Retter gefunden, den Liebhaber unserer Seelen. Und damit haben wir es nicht mehr nötig, cool zu sein.

Gebetsfokus

Danke Gott dafür, dass er dich immer wieder befreit – von deinem alten Leben, deinen schlechten Gewohnheiten, deinen unguten Bindungen, deinen verletzenden Prägungen. Bitte ihn, dir dabei zu helfen, dich mehr auf ihn und weniger auf dich selbst zu verlassen. Danke ihm dafür, dass er dir durch Jesus wieder einen Zugang zu ihm geschenkt hat, und bitte ihn um Mut und Entschlossenheit, dein altes Leben loszulassen, um frei zu sein für das neue Leben, das er für dich vorbereitet hat.

Die nächsten Schritte

- Wie geht es dir mit der Vorstellung, so offen wie David und Paulus über deine Kämpfe, Ängste oder dein Versagen zu sprechen?
- Wie transparent oder zurückhaltend bist du anderen gegenüber und warum? Sprichst du gern mit anderen über das, was Jesus dir bedeutet, oder eher nicht?
- Lies 2. Korinther 12,9-10. Nimm dir etwas Zeit, um darüber nachzudenken. Inwiefern könnten diese Verse auf dich zutreffen? Bitte Gott um Hilfe dabei, jegliche Tendenz zu Selbstschutz oder Selbstvermarktung aufzugeben. Und lass dir von ihm Möglichkeiten zeigen, Jesus in den Vordergrund zu stellen.

SO VIELE GLEICHNISSE ...

Tag 22

TIEFE WURZELN

»Was er ihnen zu sagen hatte, erklärte er durch Gleichnisse: ›Hört mir zu! Ein Bauer ging aufs Feld, um Getreide zu säen. Als er die Körner ausstreute, fielen ein paar von ihnen auf den Weg. Sofort kamen die Vögel und pickten sie auf. Andere Körner fielen auf felsigen Boden, wo nur wenig Erde war. In der dünnen Erdschicht ging die Saat zwar schnell auf, als dann aber die Sonne am Himmel hochstieg, vertrockneten die Pflänzchen. Sie hatten keine starken Wurzeln und verdorrten deshalb in der Hitze. Wieder andere Körner fielen ins Dornengestrüpp, doch dieses hatte die junge Saat bald überwuchert, so dass sie schließlich erstickte. Es konnte kein Getreide wachsen. Die übrigen Körner aber fielen auf fruchtbaren Boden, gingen auf, wuchsen heran und brachten das Dreißigfache, das Sechzigfache, ja sogar das Hundertfache der Aussaat als Ertrag.‹ Und Jesus fügte hinzu: ›Wer Ohren hat, der soll auf meine Worte hören!‹«

Markus 4,2-9

Es ist verwunderlich, wie Menschen die gleichen Worte hören, aber so unterschiedlich darauf reagieren können. Für die einen ist das Evangelium von Jesus das Leben pur. Es ist der Samen, der auf guten Boden fällt, tiefe Wurzeln schlägt und eine Ernte des Glaubens hervorbringt: *»Ich war so, und jetzt bin ich vollkommen anders. Und was dazwischen passiert ist, das war er.«* So drückt es Maria in der ersten Staffel von *The Chosen* aus. Für andere hat die Botschaft von Jesus wenig bis gar keine Bedeutung. Es ist die Saat, die auf unfruchtbaren Boden fällt, keine Wurzeln schlägt und keine Frucht hervorbringt. Für andere wiederum klingt es eine Zeit lang verlockend und interessant, aber letztlich sind andere Dinge wichtiger. Der Keim wird verbrannt oder erstickt, weil seine Wurzeln zu flach sind. Unannehmlichkeiten, negative Gefühle oder Zweifel wiegen am Ende schwerer als der Glaube.

»Wer Ohren hat, der soll auf meine Worte hören!«

Keiner von uns will zu denen gehören, die keine Frucht hervorbringen, oder? Das Problem ist, dass die meisten von uns ihre Abkehr von Jesus nicht kommen sehen. Wir erwarten keine Enttäuschung oder Desillusionierung, wenn wir anfangen, mit Jesus zu leben. Wir erwarten, dass Jesus unser Leben auf positive Weise ergänzen oder verändern wird. Wir wollen jemanden, der unsere Gebete so beantwortet, wie wir es uns wünschen.

Wir finden die Vorstellung schön, zum Gottesdienst zu gehen und Teil einer Gemeinschaft zu sein – insbesondere an Feiertagen. Wir wollen inneren Frieden, einen Sinn für unser Leben und eine Antwort auf die Frage, wohin wir gehen, wenn wir sterben. Und wir finden diese neue Serie über Jesus und seine Jünger so toll. Das Problem daran ist: Wenn unsere Beziehung zu Jesus nur darauf basiert, dass sie uns Vorteile bringt, neigen wir vermutlich dazu, unseren Glauben an den Nagel zu hängen, sobald er uns Nachteile beschert.

Jesus zu folgen ist schwierig, weil wir uns nicht aussuchen können, wohin wir gehen. Wir müssen Jesus vertrauen und uns ihm unterordnen. Und manchmal möchten wir das einfach nicht. Eigene Pläne zu schmieden, uns eigene Ziele zu setzen und zu erreichen scheint attraktiver zu sein. Unsere eigenen Antworten zu finden und unmittelbare Genugtuung zu erleben – all das fühlt sich besser und leichter an, als unser Vertrauen darauf zu setzen, dass Jesus uns auf unbekannten Wegen führt. Und bisher haben wir nur vom normalen Alltagsleben gesprochen. Wie viel schwerer ist das Ganze, wenn sich Tragödien in unserem Leben abspielen, wenn Krankheiten und Kämpfe unseren Alltag bestimmen, wenn wir geliebte Menschen verlieren, obwohl wir so sehr für sie gebetet haben.

Das Leben kann so hart sein. Da ist es kein Wunder, dass Menschen mit oberflächlichen Glaubenswurzeln sich enttäuscht von Jesus abwenden. Und doch gibt es den anderen

Weg. Wenn wir die Oberflächlichkeiten der Welt entlarven und begreifen, was Jesus uns tatsächlich zu bieten hat, können wir in die Tiefe wachsen. Denn was sich im Moment gut anfühlt, hat eben meist auch keine Bedeutung über den Moment hinaus. Unser Herz wurde für mehr geschaffen. Und das ist der eigentliche Grund, warum sich Menschen zu Jesus hingezogen fühlen. Wir wurden geschaffen, um mit unserem Schöpfer in Beziehung zu treten, ihm zu vertrauen und in seiner Allwissenheit, Allmacht und Allgegenwart zu ruhen. Die Kontrolle abzugeben, ist für uns ungewohnt und kann uns Angst machen. Aber wenn wir begreifen, dass Gott in allem so viel besser ist als wir, und wenn wir verinnerlichen, wie übermenschlich er uns liebt, wird es leicht, sich ihm anzuvertrauen und ihm zu folgen.

Das Wissen um Gottes Macht und die Unendlichkeit seiner Liebe kann uns dazu bringen, tiefere Glaubenswurzeln auszubilden. Dafür ist es wichtig, Gott tiefer und tiefer kennenzulernen. Es kann helfen, häufig in der Bibel zu lesen, im Gebet mit Gott zu kommunizieren, ihm durch Lieder oder in der Natur zu begegnen oder ihn in der Stille zu suchen. Dann können wir ihm mehr und mehr vertrauen und ihn bitten, unsere Herzenswünsche so zu verändern, dass sie mit seinen übereinstimmen. Wenn dann harte Zeiten kommen, wird unser tief verwurzelter Glaube an Jesus sich als tragfähig erweisen.

Gebetsfokus

Bitte Gott, dein Herz zu prüfen, Oberflächlichkeit aufzudecken und deinen Glauben in die Tiefe wachsen zu lassen. Bitte ihn, dir die Wahrheit zu zeigen, damit du ihn immer besser kennenlernen kannst. Danke ihm dafür, dass er dich auserwählt und zu sich hingezogen hat. Bete um offene Augen und Ohren für seine Weisheit und Führung.

Die nächsten Schritte

- Frage dich ehrlich: Wie viel Tiefe hat dein Glaube? Würdest du an Jesus festhalten, wenn dein Leben ein Scherbenhaufen wäre? An welchen Stellen ist dein Glaube eher oberflächlich?
- Was könntest du in deinem Alltag verändern, um mehr Zeit mit Gott zu verbringen und ihn tiefer kennenzulernen? Überlege hierfür auch, was die Herzenssprache deines Glaubens ist: Gebet, Bibellesen, Lobpreis, Stille, Natur, ...?
- Inwiefern hat Jesus dir bereits bewiesen, dass es sich lohnt, ihm zu folgen?
- Lies Jesaja 40,28-31 und unterstreiche die Eigenschaften Gottes, die deinem Glauben guten Boden bieten, um tiefe Wurzeln auszubilden.

Tag 23

DIE GANZE WAHRHEIT

»Später, als Jesus mit seinen zwölf Jüngern und den anderen Begleitern allein war, fragten sie ihn: ›Warum verwendest du Gleichnisse?‹ Er antwortete: ›Euch lässt Gott das Geheimnis seines Reiches verstehen. Die anderen aber, die nicht zu mir gehören, erfahren das alles nur durch Gleichnisse. Denn ‚sie sollen sehen, aber doch nichts erkennen; sie sollen hören, aber doch nichts verstehen. Sonst würden sie zu Gott umkehren, und ihre Sünde würde ihnen vergeben.'‹«
Markus 4,10-12

Um ehrlich zu sein, würden wir solche Verse am liebsten überspringen. Denn sie sind das glatte Gegenteil von dem, was Jesus unserer Meinung nach hätte sagen sollen. Es ist kaum vorstellbar, dass Jesus diese Sätze wirklich gesagt haben soll. Jesus kennen wir als freundlich und einladend, geduldig und barmherzig. Aber diese Verse sind schockierend anders und wirken fast brutal. Und doch sind sie da – schwarz auf weiß im

Neuen Testament – und werfen große Fragen auf: Will Jesus gar nicht, dass alle ihn verstehen? Will er nicht, dass alle Menschen gerettet werden?

Wie so oft in der Bibel ist auch hier der Kontext sehr wichtig. Denn manchmal ist der Kontext die einzige Möglichkeit, schwierige Dinge in der Bibel zu begreifen. In diesem Fall kann uns der Blick auf eine Stelle bei Jesaja helfen, die ähnlich hart klingende Aussagen enthält:

»Danach hörte ich den Herrn fragen: ›Wen soll ich zu meinem Volk senden? Wer will unser Bote sein?‹ Ich antwortete: ›Ich bin bereit, sende mich!‹ Da sprach er: ›Geh und sag diesem Volk: ‚Hört mir nur zu, ihr werdet doch nichts verstehen. Seht nur her, ihr werdet doch nichts erkennen!' Sag ihnen das, und mach ihre Herzen hart und gleichgültig, verstopf ihre Ohren und verkleb ihre Augen! Sie sollen weder sehen noch hören noch mit dem Herzen etwas verstehen, damit sie nicht umkehren und geheilt werden.‹«
Jesaja 6,8-10

Gott rettete die Israeliten aus der Sklaverei in Ägypten und führte sie durch das Rote Meer und die Wüste ins Gelobte Land, wo er sie ansiedelte. Er versorgte und beschützte sie. Er war für sie da, ihr Gott – ihr König –, und sie waren sein Volk. Er wollte sie. Er hatte sie auserwählt. Er hatte einen Weg für sie vorbereitet. Doch trotz der Wunder, die sie mit Gott erlebten, und trotz der Freundlichkeit und Barmherzigkeit, die Gott ihnen immer wieder entgegenbrachte, blieben ihre Herzen hart und sie verharrten in falschen Vorstellungen. Und schließlich überließ Gott sie ihren blinden Augen und stumpfen Herzen. Und Gott sagte dem Propheten Jesaja sogar, dass er die Herzenshärte und Blindheit des Volkes verstärken würde, als Strafe für ihren hartnäckigen Unglauben.

Im Grunde hat Gott sein Volk an dieser Stelle aufgegeben. Und das wirft uns natürlich aus der Bahn, weil wir immer von einem unerschütterlich liebenden und ewig treuen Gott predigen. Von einem Gott mit unendlichen Ressourcen an Barmherzigkeit, Geduld, Gnade und Liebe: *»Denn Gott hat die Menschen so sehr geliebt, dass er seinen einzigen Sohn für sie hergab. Jeder, der an ihn glaubt, wird nicht zugrunde gehen, sondern das ewige Leben haben« (Johannes 3,16).* Aber das ist nicht die ganze Wahrheit. Denn Gott ist auch der König des Universums. Und der Glaube an Jesus ist erforderlich, um zu seinem Reich zu gehören. Für diejenigen, deren Herzen hart sind, die im Unglauben und in der Sünde verharren, gibt es ein Gericht und schließlich die Verbannung. *»Wer an ihn glaubt, der wird nicht verurteilt. Wer aber nicht an ihn glaubt, über den ist das Urteil damit schon gesprochen. Denn er weigert sich, Gottes einzigem Sohn zu vertrauen« (Johannes 3,18).* Da Gott das Herz kennt – den Anfang und das Ende und alles dazwischen –, entscheidet er allein, wann und wie er sein Urteil fällt. Und das kann offenbar auch bedeuten, dass er Menschen ihrer Blindheit und ihren harten Herzen überlässt.

Die Gleichnisse, die Jesus erzählte, waren und sind manchmal schwer zu verstehen, weil Gott möchte, dass seine wahren Anhänger dranbleiben und tiefer graben. Also bleib dran! Öffne deine Augen weit und versuche zu sehen. Sperr deine Ohren auf, damit du wirklich hörst. Lass Gott Raum in deiner Seele, damit er die Augen deines Herzens erleuchtet. *»Denn wer bittet, der bekommt. Wer sucht, der findet. Und wer anklopft, dem wird geöffnet« (Matthäus 7,8).*

Gebetsfokus

Danke Gott für seine Verheißung, dass er sich von denen finden lässt, die ihn ernsthaft suchen. Danke ihm für das, was du bereits verstehst. Bitte ihn, in dir einen Hunger nach ihm zu wecken – eine Sehnsucht zu erfahren, wer er wirklich ist und was er für dein Leben will. Bitte ihn um Augen, die sehen, Ohren, die hören, und ein Herz, das ihm bis in den Himmel folgt. Bitte auch für Menschen in deinem Umfeld, die ein hartes Herz zu haben scheinen, dass Gott Wege findet, sie zu erreichen und ihnen die Augen zu öffnen.

Die nächsten Schritte

- Lies noch einmal Johannes 3,16-18 und beschreibe mit deinen eigenen Worten die ganze Wahrheit.
- Glaubst du, dass Gott das Recht hat, diejenigen zu richten, die ihn ablehnen? Warum oder warum nicht?
- Gott liebt die Welt, aber die Welt liebt ihn traurigerweise nicht zurück, jedenfalls zu großen Teilen nicht. Was glaubst du, warum Gott den Menschen die Freiheit lässt, sich gegen ihn zu entscheiden?

Tag 24

WEIZEN UND UNKRAUT

»Jesus erzählte den Menschen noch ein anderes Gleichnis: ›Gottes himmlisches Reich kann man vergleichen mit einem Bauern und der guten Saat, die er auf sein Feld säte. Eines Nachts, als alles schlief, kam sein Feind, säte Unkraut zwischen den Weizen und schlich sich davon. Als nun die Saat heranwuchs und sich Ähren bildeten, ging auch das Unkraut auf. Da kamen die Arbeiter des Grundbesitzers und fragten ihn: ‚Herr, hast du nicht gute Saat auf dein Feld gesät? Woher kommt dann das Unkraut?' ‚Das muss mein Feind gewesen sein', antwortete der Bauer. ‚Sollen wir hingehen und das Unkraut ausreißen?', fragten die Arbeiter. ‚Nein, dabei würdet ihr ja den Weizen mit ausreißen. Lasst beides bis zur Ernte wachsen. Dann werde ich den Erntearbeitern befehlen: Reißt zuerst das Unkraut aus und bindet es zusammen, damit wir es verbrennen können! Den Weizen aber bringt in meine Scheune!'‹«

Matthäus 13,24-30

Wir leben im Zeitalter des Pflanzens und Wachsens, dem Teil der Geschichte, in dem Gott Menschen aus allen Stämmen, Nationen und Sprachen auswählt, um sein himmlisches Königreich aufzubauen. Diejenigen, die sich für den König entscheiden, gehören zu diesem Reich. Sie sind das gute Saatgut, das inmitten einer von Unkraut überwucherten, sterbenden Welt trotz allem aufkeimt und sich ausbreitet. Die schlechte Saat verbreitet sich ebenfalls – die Saat des Feindes (vgl. Vers 28-29).

Hand aufs Herz, wir sind nicht gerade scharf darauf, in einem Andachtsbuch etwas über den Feind und seine heimtückischen Machenschaften zu lesen, oder? Tägliche Meditationen über die Heilige Schrift sollen uns aufbauen, inspirieren, trösten und für den Tag anspornen oder uns Ruhe für die Nacht schenken. Aber der Feind ist nun mal eine Realität in dieser Welt und damit auch in unserem Leben. Und deshalb können wir seine Existenz und seine Intrigen nicht immer nur ausklammern. Schließlich ist der Feind – wie Jesus im Gleichnis sagt – an denselben Orten am Werk, an denen auch Gott wirkt: Dort, wo Gottes Auserwählte gepflanzt sind, wachsen und reifen, genau da sammelt auch der Feind seine Anhänger.

Der Feind will Gottes geliebten Geschöpfen wehtun und sie ins Verderben stürzen. Denn damit trifft er den Vater direkt ins Herz. Er will Entzweiung zwischen Gott und Mensch. Deshalb versucht er, wo er nur kann, Gottes Auserwählte zu entmutigen, zu entwaffnen und sie in die Irre zu führen. Sein Plan ist es, die Menschen zu verwirren und zu verblenden. Sie sollen nicht mehr erkennen, wer Gott ist. Sein finales Ziel ist es, unsere Seelen zu töten, denn er *»war schon von Anfang an ein Mörder und stand nie auf der Seite der Wahrheit« (Johannes 8,44)*.

Und so wachsen eine Zeit lang Weizen und Unkraut nebeneinander. Jesus erklärte seinen Jüngern, dass er am Ende der Zeiten – also am Ende dieser Welt und am Beginn der neuen Welt – den Weizen vom Unkraut trennen wird. *»Die Engel werden sie in den brennenden Ofen werfen, wo es nur noch Heulen und ohnmächtiges Jammern gibt. Dann werden alle, die nach Gottes Willen gelebt haben, im Reich ihres Vaters leuchten wie die Sonne. Wer Ohren hat, der soll auf meine Worte hören!« (Matthäus 13,42-43)*. Das sind harte Worte. Aber sie können uns motivieren, weiter dem einen treu zu bleiben, der Leben ist und Leben schenkt (vgl. Johannes 10,10). Das tun wir nicht zuletzt, indem wir so vielen Menschen wie möglich von Jesus erzählen. Dabei sollten wir uns bewusst machen, wie die Pläne des Feindes aussehen, damit er uns nicht überrumpeln kann. Wir wollen als Kinder des Königs leben, die den guten Samen an alle weitergeben, die bereit sind, ihn zu empfangen.

Gebetsfokus

Danke Gott dafür, dass du Jesus persönlich kennst und von ihm auserwählt worden bist. Bitte ihn um Unterscheidungsvermögen, damit du erkennen kannst, wo der Feind am Werk ist. Bete um Kraft, Weisheit und Ausdauer, damit du dich in dieser von Unkraut überwucherten Welt zurechtfindest. Bitte auch um die Möglichkeit, den Samen der Wahrheit auszustreuen, damit Menschen in deinem Um-Feld zu Jesus hinwachsen können.

Die nächsten Schritte

- Überlege, wer in deinem Umfeld die gute Nachricht von Jesus braucht und wie du diese Person erreichen könntest. Bete um Gottes Weisheit, seine Impulse und sein perfektes Timing.
- Allzu leicht kann es passieren, dass wir uns ans Unkraut gewöhnen und uns gar nicht mehr daran stören. Auch wenn es seltsam klingt, nimm dir einen Moment Zeit, um dir das Wirken des Feindes in dieser Welt bewusst zu machen. Worauf lenkt Gott deinen Blick?
- Lies Psalm 121,7-8 und 2. Timotheus 4,18. Frag dich angesichts dieser Verse: Warum brauchst du die Gegenwart und die Pläne des Feindes nicht zu fürchten?

Tag 25

IM LICHT

»Dann fragte Jesus die Zuhörer: ›Holt man etwa eine Öllampe herbei, um sie dann unter einen Eimer oder unters Bett zu stellen? Im Gegenteil! Eine brennende Lampe stellt man auf den Lampenständer, damit sie den ganzen Raum erhellt. So soll alles, was jetzt noch verborgen ist, eines Tages ans Licht kommen, und was jetzt noch ein Geheimnis ist, soll jeder verstehen. Wer Ohren hat, der soll auf meine Worte hören!‹«
Markus 4,21-23

Natürlich stellen wir keine Lampen unter Eimer oder unters Bett. Das wäre lächerlich. Aber es gibt viele Dinge, die wir verbergen. Manchmal verstecken wir unsere Gefühle. Wir verheimlichen unsere Ängste. Wir verbergen instinktiv unsere Unsicherheiten, unsere Schwächen, unsere Schmerzen. Wir verschweigen meist die weniger schmeichelhaften Episoden unserer Lebensgeschichte und die falschen Entscheidungen, die wir getroffen haben. Am liebsten würden wir auch unsere

Sünde vor aller Welt verbergen. Aber Jesus sagt: »*Nichts bleibt für immer verborgen, sondern eines Tages kommt die Wahrheit ans Licht, und dann werden alle Geheimnisse enthüllt« (Matthäus 10,26).*

Wir Menschen können die Sünde nicht wirklich kontrollieren oder sie in eine Ecke drängen, zumindest nicht für lange. Denn die Sünde hat eine selbstverstärkende Wirkung. »*Wenn du jedoch Böses planst, dann lauert die Sünde schon vor deiner Tür. Sie will dich zu Fall bringen, du aber beherrsche sie!« (1. Mose 4,7).* Mit anderen Worten: Deine Sünde wird dich einholen. Sie ist wie ein sich langsam ausbreitendes Krebsgeschwür. Je mehr du sie verheimlichen willst, desto stärker wird sie. Und das ist genau der Grund, warum Jesus seine Jünger ins Licht ruft: »*Ich bin das Licht für die Welt. Wer mir nachfolgt, wird nicht in der Dunkelheit umherirren, sondern er hat das Licht, das ihn zum Leben führt« (Johannes 8,12).*

Das Licht vertreibt die Dunkelheit und damit die Sünde. Wenn wir ins Licht treten, zieht sich die Sünde zurück. Sie flieht und schrumpft. Sie verliert ihre Macht und ihren Würgegriff um unser Leben. So kann die Sünde unser Leben nicht mehr zerstören, sondern das Licht zerstört die Sünde. Gott besiegt unsere Sünde, indem er unseren Verstand, unser Herz und unsere Seele in seinem Licht reinigt. Und dann können wir jedem erzählen, der Ohren hat, um zu hören, wie das Licht uns von der Dunkelheit befreit hat.

Mit seinem Gleichnis von der Lampe, die auf einen Lampenständer gestellt wird, ermutigt Jesus uns, das Licht, das Gott uns geschenkt hat, nicht zu verbergen, sondern es in dieser dunklen Welt leuchten zu lassen. Wir sind aufgefordert, Jesus und alles, was er vollbracht hat, den Menschen zu zeigen. Alle sollen dieses Licht sehen und damit die Möglichkeit bekommen, selbst zum Glauben an Jesus zu finden. Aber dazu gehört auch, dass wir als die Sünder entlarvt werden, die wir nun einmal sind. Wir müssen mit unserer Schuld und unserer Scham ins Licht treten. Und das ist nicht unbedingt angenehm oder leicht. Aber es ist letztlich befreiend. Und Gott kann gerade unsere Erlösungsgeschichten benutzen, um andere aus der Dunkelheit in sein Licht zu führen.

Gebetsfokus

Danke Gott, dass er dich aus der Dunkelheit in sein Licht geführt hat. Danke ihm für die Freiheit und die Heilung, die er dir durch Jesus ermöglicht. Bitte Gott darum, dir zu helfen, dass du im Licht bleibst und der Sünde keine Chance gibst, sich auszubreiten. Bitte um Gelegenheiten, ein leuchtendes Licht für andere zu sein, indem du deine Geschichte weitererzählst.

Die nächsten Schritte

- Nimm dir einen Moment Zeit, um dir wieder in Erinnerung zu rufen, wie Gott dich zu seinem Licht geführt hat.
- Lies Epheser 5,7-10. Wo lebst du schon als Kind des Lichts? Wo noch nicht? Mit wem könntest du das Licht teilen?

Tag 26

VOM SAMEN ZUM BAUM

»›Womit sollen wir Gottes Reich noch vergleichen?‹, fragte Jesus dann. ›Welches Bild könnte euch helfen, es zu verstehen? Mit Gottes Reich ist es wie mit einem Senfkorn, das auf ein Feld gesät wird. Es ist zwar das kleinste von allen Samenkörnern. Wenn es aber in die Erde kommt, wächst es schnell heran und wird größer als die anderen Gartenpflanzen. Ja, es wird zu einem Strauch mit so ausladenden Zweigen, dass die Vögel in seinem Schatten ihre Nester bauen können.‹«
Markus 4,30-32

Dieses Gleichnis ist einfach nur großartig. Es ist eine gute Nachricht für unvollkommene Menschen mit unvollkommenem Glauben – sprich: für uns alle. Die gute Saat, die auf fruchtbaren Boden fällt (vgl. Markus 4,2-9), ist unser kleines Senfkorn des Glaubens, das schließlich zu einem gigantischen Glaubensbaum wird, der den Stürmen des Lebens trotzt und sogar Ruhe, Trost und Schutz für andere bieten kann.

Aber lass uns noch mal einen Schritt zurückgehen. Denn bevor der Glaube ein mächtiger Baum wird, ist er ein winziges Samenkörnchen. Und die Entwicklung, die dazwischen stattfindet, ist alles andere als eine Kleinigkeit.

»Die Apostel baten Jesus, den Herrn: ›Hilf uns, dass unser Glaube größer wird!‹ Darauf antwortete er: ›Wenn euer Glaube nur so groß wäre wie ein Senfkorn, könntet ihr zu diesem Maulbeerbaum sagen: ‚Reiß dich mitsamt deinen Wurzeln aus der Erde und verpflanze dich ins Meer!' – es würde sofort geschehen.‹«
Lukas 17,5-6

Wir sind nicht von Anfang an große, starke Bäume. Aber das ist nicht schlimm. Denn ein Glaube in der Größe eines Samenkorns reicht aus, um an den kolossalen Ereignissen in Gottes Reich mitzuwirken. Die Jünger baten Jesus um mehr Glauben, weil sie mehr tun und mehr sein wollten, als sie in diesem Moment waren. Aber Jesus erklärte, dass nicht nur ein großer Glaube große Auswirkungen hat und dass wir ihm nicht erst dann nützlich sind, wenn unser Glaube »ausgewachsen« ist. Vielmehr führt ein bisschen Glaube, der richtig eingesetzt wird, zu den unwahrscheinlichsten Ereignissen – genau wie ein winziger Same zu einem riesigen Baum werden kann. Dann passieren Dinge, die jeder Logik widersprechen: Maulbeerbäume verpflanzen sich ins Meer oder eine Serie über Jesus, die auf einer Farm entstand, entwickelt sich zum größten Crowdfunding-Medienprojekt aller Zeiten.

Anders ausgedrückt: Jesus lehrte seine Schüler, dass der, an den sie glaubten, auch die Quelle ihrer Macht sein würde.

Wenn wir Gottes Reich durch die Tür des Glaubens betreten, sind wir automatisch in das Programm »Senfkörner zu Bäumen« aufgenommen. Durch Gottes Gnade wachsen wir vom ersten Moment an im Glauben. Und um uns eine Vision zu geben, was unser Schöpfer in und durch uns tun kann, beschreibt Jesus, wohin dieser Prozess führt. Das heißt, er wartet nicht, bis wir geistlich ausgewachsen sind, bevor er uns gestattet, an seinen Plänen mitzuwirken. Er ist nicht an den Kreislauf von Saat und Ernte gebunden, weil seine Handlungen und seine Macht nicht von uns abhängen, sondern von ihm allein. Und er ist begeistert, wenn wir ihn bitten, mithelfen zu dürfen. Er findet es großartig, wenn wir unser bisschen Glauben zusammenkratzen und ihm vertrauen, dass er damit tun wird, was nur er tun kann. Und die unglaublichen Dinge, die wir dann erleben, werden wiederum unseren Glauben wachsen lassen.

Gebetsfokus

Bete, dass Gott dich weiter im Glauben wachsen lässt und dir geistliche Reife schenkt. Bitte ihn aber auch um den nötigen Mut, um jetzt schon größer zu denken und gewagte Schritte zu gehen, wenn er dir dazu den Auftrag gibt. Bete um Hilfe, seiner Macht mehr und mehr zu vertrauen. Danke ihm dafür, dass du bereits dabei bist, ein großer Baum zu werden, der tief verwurzelt ist in seiner Güte, Barmherzigkeit und Liebe. Danke ihm, dass er dich schon jetzt an seinem Reich mitwirken lässt, lange bevor du »ausgewachsen« bist.

Die nächsten Schritte

- In welcher Hinsicht bist du wie ein Senfkorn, inwiefern schon wie ein Senfbaum?
- Lies Markus 9,20-27 und denk darüber nach, warum dieses Gespräch eine gute Nachricht für unvollkommene Menschen mit unvollkommenem Glauben ist.

Tag 27

DAS WERTVOLLSTE

»Gottes himmlisches Reich ist wie ein verborgener Schatz, den ein Mann in einem Acker entdeckte und wieder vergrub. In seiner Freude verkaufte er sein gesamtes Hab und Gut und kaufte dafür den Acker mit dem Schatz. Mit Gottes himmlischem Reich ist es auch wie mit einem Kaufmann, der auf der Suche nach kostbaren Perlen war. Als er eine von unschätzbarem Wert entdeckte, verkaufte er alles, was er hatte, und kaufte dafür die Perle.«
Matthäus 13,44-46

Es gibt viele Märchen, in denen es um die Suche nach verborgenen Schätzen geht. Vergrabene Truhen mit Gold, lange verschollene Juwelen, unbezahlbare Erbstücke, sogar mythische Orte wie die Quelle der ewigen Jugend. Solche Geschichten werden seit Jahrhunderten von Generation zu Generation weitergegeben, durch Erzählungen und Kunst, durch Bücher und Filme. Am beliebtesten sind solche, in denen es nicht nur einen Topf voll Gold am Ende des Regenbogens zu finden gibt, sondern die auch noch ein großes Abenteuer auf dem Weg dorthin zu bieten haben: eine Reise voller Gefahren, verzweifelter Notlagen und Heldentaten – alles auf der Suche nach dem einen kostbaren Schatz.

Aber in Wirklichkeit ist unser Leben vergleichsweise langweilig. Hier in der Realität gehen wir lieber auf Nummer sicher. Wir sparen. Sorgen vor. Horten. Der Gedanke daran, alles zu opfern für eine einzige Sache, erscheint uns nicht gerade sinnvoll, geschweige denn verlockend. Doch genau das ist die Idee, die hinter diesem Gleichnis steckt. Wenn wir wirklich mit Jesus leben wollen, darf uns kein Opfer zu groß sein.

Eigentlich liegt uns die Schatzsuche auch im Blut. Schon Kinder lieben es, im Spiel auf Schatzsuche zu gehen. Und auch wir Erwachsenen sind durchaus bereit, für einen kostbaren Schatz alles Mögliche auf uns zu nehmen. Wir bringen immer wieder große Opfer, für Dinge, die uns kostbar sind. Das Problem ist nur, dass wir bei der Definition, was ein richtiger Schatz ist, in der Regel danebenliegen. Denn alles, was wir für wertvoll halten, hat ein Verfallsdatum – unser Geld, unser Besitz, unsere Gesundheit, sogar unsere Beziehungen zu anderen Menschen. *»Häuft in dieser Welt keine Reichtümer an! Sie werden nur von Motten und Rost zerfressen oder von Einbrechern gestohlen!« (Matthäus 6,19).* Buchstäblich alle Dinge, die uns am Herzen liegen, sind nicht nur Teil eines vergänglichen Systems, sie haben auch die Eigenschaft, uns unersättlich zu machen. *»Je reicher einer wird, umso mehr Leute scharen sich um ihn, die auf seine Kosten leben wollen. Der Reiche kann seinen Besitz zwar bestaunen, aber sonst hat er nichts davon« (Prediger 5,10).*

Gewiss, die Menschen in unserem Leben und Gottes tägliche Versorgung sind Geschenke, und wir dürfen dankbar dafür sein. Wir sollen das, was uns gegeben ist, gut verwalten und uns darüber freuen. *»Alles, was Gott uns gibt, ist gut und vollkommen. Er, der Vater des Lichts, ändert sich nicht; niemals wechseln bei ihm Licht und Finsternis« (Jakobus 1,17).* Aber das ändert nichts an der Tatsache, dass 1. diese Welt vergänglich ist und 2. es keinen größeren Schatz gibt als die Errettung durch Jesus. *»Sammelt euch vielmehr Schätze im Himmel, die unvergänglich sind und die kein Dieb mitnehmen kann. Wo nämlich euer Schatz ist, da wird auch euer Herz sein« (Matthäus 6,20-21).*

Und wie machen wir das? Wie suchen und finden wir einen echten Schatz? Was bedeutet es konkret, alles zu verkaufen, um den Acker mit dem Schatz zu erwerben?

Es bedeutet, dass wir unsere Prioritäten völlig neu setzen. Wir stellen unsere Beziehung zu Jesus über absolut alles andere in unserem Leben. Denn sie ist viel wertvoller als alles, was die Welt zu bieten hat. Wir halten selbst die kostbarsten Dinge nur locker in unseren Händen, denn: *»Gegenüber dem unvergleichlichen Gewinn, dass Jesus Christus mein Herr ist, hat alles* *andere seinen Wert verloren. Um seinetwillen habe ich das alles hinter mir gelassen; es ist für mich nur noch Dreck, wenn ich bloß Christus habe« (Philipper 3,8).*

Gebetsfokus

Danke Gott dafür, dass er durch Jesus dein größter Schatz sein will. Danke ihm für das Opfer, das Jesus am Kreuz gebracht hat, damit wir ihn suchen, finden und kennen können. Bitte Gott, dir zu helfen, dein Leben so radikal neu zu ordnen, dass du bereit wirst, wenn nötig alles aufzugeben für Jesus: deinen Herrn, deinen König, dein Leben.

Die nächsten Schritte

- Gibt es etwas in deinem Leben, das mit deiner Liebe zu Jesus konkurriert?
- Welche Veränderungen müsstest du vornehmen, um Jesus zur obersten Priorität deines Lebens zu machen?
- Lies Epheser 3,14-21. Inwiefern zeigen diese Verse, dass Jesus der größte Schatz ist?

Tag 28

NETZE

»Man kann Gottes himmlisches Reich auch mit einem großen Netz vergleichen, das durch das Wasser gezogen wird und die verschiedensten Fische einfängt. Wenn das Netz voll ist, holt man es an Land, setzt sich hin und sortiert die guten Fische in Körbe. Die ungenießbaren aber werden weggeworfen. So wird es auch am Ende der Welt sein: Die Engel werden kommen und die gottlosen Menschen von denen trennen, die nach Gottes Willen gelebt haben. Dann werden sie die Gottlosen in den brennenden Ofen werfen, wo es nur noch Heulen und ohnmächtiges Jammern gibt.«
Matthäus 13,47-50

Und schon sind wir wieder bei einem dieser harten Gleichnisse angekommen. Denn wer hört schon gerne etwas von Heulen und Jammern? Trotzdem hat Jesus nicht gerade selten darüber gesprochen. Er hat seine Zuhörer immer wieder und mit drastischen Bildern vor der ewigen Trennung von Gott gewarnt.

Viele denken, Jesus sei einfach nur ein netter Kerl gewesen, der viel Wunderbares gesagt hat. Aber die Bibel zeigt uns auch einen Jesus, der von schrecklichen Dingen spricht: von unauslöschlichem Feuer (vgl. Markus 9,43), von tiefster Finsternis (vgl. Matthäus 8,12), von ewigem Verderben (vgl. Matthäus 10,28), von Heulen und Jammern (vgl. Matthäus 25,30) und von furchtbaren Qualen und unaussprechlichem Bedauern (vgl. Lukas 16,19-31).

Das Thema ist zwar nicht schön, aber wirklich wichtig. Denn wenn wir nicht darüber nachdenken, wovor Jesus uns retten will, wissen wir seine Rettung vielleicht gar nicht genug zu schätzen.

»Man kann Gottes himmlisches Reich auch mit einem großen Netz vergleichen, das durch das Wasser gezogen wird und die verschiedensten Fische einfängt.«
Matthäus 13,47

Wenn du zu Jesus gehörst, gehörst du zu einem Reich, dessen Königskinder eine Gemeinschaft bilden. In einer Welt, in der die Polarisierung hinsichtlich Hautfarbe, politischer Meinung, Geschlecht, Klasse und Herkunft immer mehr zunimmt, ist echte Gemeinschaft in Vielfalt eine Seltenheit geworden. Wir sind viel besser darin, uns gegen andere abzugrenzen, über andere zu urteilen und zu lästern. Und dabei vergessen wir, dass Gottes Reich ein Ort ist, an dem jeder mit offenen Armen empfangen wird, der dazugehören möchte – unterschiedlichste Menschen mit ganz unterschiedlichen Hintergründen.

> *»Ihr gehört zu Christus, denn ihr seid auf seinen Namen getauft. Jetzt ist es nicht mehr wichtig, ob ihr Juden oder Griechen, Sklaven oder Freie, Männer oder Frauen seid: In Jesus Christus seid ihr alle eins. Gehört ihr aber zu Christus, dann seid auch ihr Nachkommen von Abraham. Als seine Erben bekommt ihr alles, was Gott ihm zugesagt hat.«*
> *Galater 3,27-29*

Laut der Bibel ist die Alternative zu Gottes Reich nur die ewige Trennung von Gott. Dieses ewige Getrenntsein von Gott nennt die Bibel Hölle. Allerdings ist es nicht unser Job zu entscheiden, wer vor der Hölle gerettet wird und wer nicht. Das ist Gottes Aufgabe, denn nur er kennt unsere Herzen wirklich. Er wird es den Engeln übertragen, die Menschen am Ende zu »sortieren«. Wir sind dafür nicht zuständig. Und die Zeit dafür ist ohnehin noch nicht reif. Stattdessen sollen wir unsere Zeit nutzen, anderen weiterzusagen, was Gott für uns getan hat, in der Hoffnung, dass auch sie glauben und gerettet werden. Das ist unser Auftrag. Wir sind sozusagen die Netze, weil wir – genau wie unser Erlöser – erleben wollen, dass seine Schöpfung gerettet und wiederhergestellt wird.

Gebetsfokus

Danke Gott dafür, dass er dich auserwählt hat und dir so begegnet ist, dass du an ihn glauben kannst. Bitte Gott um Hilfe, für andere ein Netz zu sein, damit auch sie zum Glauben an Jesus finden können. Wo du andere nur verurteilt hast, anstatt ein Netz für sie zu sein, bitte Gott um Vergebung. Lass dir von Gott zeigen, wer in deinem Umfeld am dringendsten Hilfe braucht und hören muss, dass Gott ihn liebt.

Wenn du dich noch nicht von ganzem Herzen für Jesus entschieden hast, tu es jetzt. Du bist der Grund, warum er gekommen ist. Er möchte, dass du die Ewigkeit mit ihm verbringst.

Die nächsten Schritte

- Es ist schwer, sich einen Ort der ewigen Trennung von Gott vorzustellen. Vielleicht hat Jesus deshalb ein paar drastische Bilder benutzt, um diesen Ort zu beschreiben. Schlag die oben genannten Bibelverse nach und unterstreiche die Worte, die für dich am eindrücklichsten sind.
- Wie geht es dir mit diesen Versen? Motivieren sie dich? Machen sie dir Druck oder Angst? Sprich mit Gott ganz ehrlich über deine Gefühle und lass dir seine Perspektive schenken.

- Die meisten Christen neigen zu einer der folgenden Haltungen: Entweder sie betonen sehr stark Gottes Liebe und Gnade oder sie betonen die Konsequenz, die droht, wenn Menschen Jesus nicht folgen. Wozu tendierst du und warum?
- Lies Römer 5,6-11. Warum ist es wichtig, sowohl Gottes Gerechtigkeit als auch seine Liebe vor Augen zu haben?

Tag 29

NEUES UND ALTES

»›Habt ihr das alles verstanden?‹, fragte Jesus seine Jünger. ›Ja‹, erwiderten sie. Und Jesus fügte hinzu: ›Jeder Schriftgelehrte, der zu Gottes himmlischem Reich gehört und das, was er darüber gelernt hat, weitergibt, ist wie ein Hausherr, der aus seiner Vorratskammer Neues und Altes hervorholt.‹«
Matthäus 13,51-52

In den alttestamentlichen Büchern Esra und Nehemia sehen wir die Geburtsstunde der Schriftgelehrten. Als die Juden nach ihrer Gefangenschaft in Babylon nach Jerusalem zurückkehrten, fanden sie ihre Stadt mitsamt ihrem Tempel in Trümmern liegen. Der Plan war schnell gefasst, beides wiederaufzubauen, den Gottesdienst im Tempel wiederzubeleben und die Rolle Gottes im Leben des Volkes für alle offensichtlich zu machen. So begann Esra damit, das Gesetz des Moses zu predigen und einer neuen Generation zu erklären, was es bedeutete. Er war der Erste, der als Schriftgelehrter tätig war.

Spulen wir etwa fünfhundert Jahre vor bis zu Jesus: Die Schriftgelehrten waren damals eine feste Größe in der Gemeinde und ein wesentlicher Bestandteil der Struktur und der Ausübung des jüdischen Glaubens. Sie waren es, die anderen ein tieferes Verständnis der Heiligen Schrift und ihrer Anwendung vermittelten. Als Jesus also seine Schüler fragte, ob sie seine Gleichnisse verstanden hatten, und sie bejahten, verglich er sie mit Schriftgelehrten. Schließlich hatte er sie ausgebildet, sie in die Geheimnisse seines Reiches eingeweiht und ihnen gezeigt, was das alles für eine neue Generation von Glaubenden bedeuten würde. Er rechnete ganz natürlich damit, dass sie nun ihrerseits andere unterrichten und ausbilden würden.

Jesus verglich seine Reich-Gottes-Schriftgelehrten mit einem Hausherrn, der sowohl alte als auch neue Schätze verteilt. In der Tat enthüllte Jesus viele neue Wahrheiten, die Teil der alten Geschichte waren, denn jede Seite des Alten Testaments verweist auf den Neuen Bund: Jesus ist die Erfüllung der alten Prophezeiungen, er ist der tiefere Sinn jeder alttestamentlichen Geschichte und die Vollendung von Gottes Plan, die Menschen zu retten.

Für die Jünger war es wichtig zu verstehen, dass die Dinge, die Jesus predigte, einen Zusammenhang und einen breiteren Kontext hatten. Denn die Geschichte, die Gott seit dem Garten Eden mit uns Menschen geschrieben hat, ist hoch und lang und breit und tief und absolut wundersam. Und die vielen Geschichten des Alten Testaments sind im Grunde nur eine einzige lange Geschichte, die auf Jesus hindeutet, der wiederkommen wird, um das Werk zu vollenden. Wenn wir ihm unser Leben anvertrauen, werden auch wir Teil dieser Geschichte.

Also, hast du diese Dinge verstanden? Wenn deine Antwort ja lautet (oder auch nur halbwegs ja), dann halleluja! Jetzt bist du dran, andere zu unterrichten und auszubilden. Wir sind zwar nicht alle dazu berufen, im Gottesdienst am Mikrofon zu stehen oder als Missionare in fremde Länder zu reisen oder eine Serie über Jesus zu drehen, aber wir sind alle Schriftgelehrte für Gottes Reich. Deshalb ist es für uns so wichtig, die Bibel zu studieren und neugierig zu bleiben. Wir sollten immer mehr verstehen wollen – über die Geschichte, die alte und die neue, und wie alles auf Jesus hinweist. Es ist wichtig, dass wir eine Erklärung für unsere Hoffnung geben können (vgl. 1. Petrus 3,15), damit wir uns wie Esra und die Jünger und alle anderen, die vor uns mit Gott unterwegs waren, am Wiederaufbau der Ruinen beteiligen können, an der Wiederaufnahme der Gottesdienste und an der Wiederherstellung von Gottes Bedeutung für die Menschen.

Gebetsfokus

Danke Gott dafür, dass er dich in seine Geschichte hineingeschrieben hat. Danke ihm für das Privileg, dass du durch die Bibel Zugang zu seinem wundersamen Plan hast und ihn kennenlernen kannst. Danke ihm dafür, dass er wiederkommen wird, um die Arbeit der Wiederherstellung abzuschließen. Bete um mehr Wissen, Verständnis und Weisheit und um die Gelegenheit, Menschen zu dienen, die ihn brauchen.

Die nächsten Schritte

- Du musst nicht erst die ganze Bibel verstehen, bevor du mit anderen über Jesus reden kannst. Wann beginnt nach Apostelgeschichte 1,8 deine neue Tätigkeit als Schriftgelehrter von Gottes Reich?
- Lies 1. Petrus 3,15. Was kannst du tun, um besser vorbereitet zu sein, wenn andere wissen wollen, was du glaubst und warum?

Tag 30

DIE ANDERE SEITE

»Am Abend dieses Tages sagte Jesus zu seinen Jüngern: ›Lasst uns über den See ans andere Ufer fahren!‹ Sie schickten die Menschen nach Hause und fuhren mit dem Boot, in dem Jesus saß, auf den See hinaus. Einige andere Boote folgten ihnen. Da brach ein gewaltiger Sturm los. Hohe Wellen schlugen ins Boot, es lief voll Wasser und drohte zu sinken. Jesus aber schlief hinten im Boot auf einem Kissen. Da weckten ihn die Jünger und riefen: ›Lehrer, wir gehen unter! Kümmert dich das denn gar nicht?‹ Jesus stand auf, gebot dem Wind Einhalt und befahl dem See: ›Sei still! Schweig!‹ Sofort legte sich der Sturm, und es wurde ganz still. ›Warum habt ihr Angst?‹, fragte Jesus seine Jünger. ›Habt ihr denn noch immer kein Vertrauen zu mir?‹ Voller Entsetzen sagten sie zueinander: ›Was ist das für ein Mensch? Selbst Wind und Wellen gehorchen ihm!‹«
Markus 4,35-41

Jesus hat sich nie geirrt. Nicht ein einziges Mal. Wenn er etwas sagte, dann war es wahr. Wenn er etwas tat, war es richtig. Die

Jünger begannen so langsam, das Konzept zu begreifen, aber praktisch hatten sie immer noch Schwierigkeiten, Jesus zu vertrauen - zumindest, wenn es brenzlig wurde.

Bevor er an diesem Tag in das Boot stieg, sprach Jesus vor einer großen Menschenmenge über Gottes Reich - wir nennen es auch Gottes souveräne Herrschaft über absolut alles. Auf der Playlist stand ein Gleichnis über einen Sämann (vgl. Markus 4,1-9), aber die Jünger verstanden es nicht. Später, als sie allein waren, erklärte Jesus alles noch mal genauer und sagte dann: *»Euch lässt Gott das Geheimnis seines Reiches verstehen. Die anderen aber, die nicht zu mir gehören, erfahren das alles nur durch Gleichnisse« (Markus 4,11).* Noch ahnten sie nicht, dass sie bald eine gewaltige Lektion am lebenden Objekt erhalten würden.

Während der Überfahrt gerieten sie in einen Sturm, der so heftig war, dass selbst die erfahrenen Fischer unter ihnen Angst bekamen. Was das Nickerchen von Jesus umso krasser wirken lässt. Irritiert von seiner Fähigkeit, inmitten des Chaos zu schlafen, weckten die Jünger Jesus auf und fragten: *»Ist es dir egal, ob wir ertrinken?«*

Aus unserer heutigen Sicht mag diese Frage fast schon lächerlich wirken. Der Sohn Gottes, der sich selbst erniedrigt hat, indem er Mensch wurde, um zu dienen und einen qualvollen Tod als Opfer für die Menschheit zu sterben (vgl. Philipper 2,7), wurde von den Männern, die er auserwählt und ausgebildet hatte, gefragt, ob es ihm nichts ausmachte, wenn sie ertranken.

Kein Wunder, dass er ihnen keine direkte Antwort gab. Aber in Todesangst sagt man wahrscheinlich allen möglichen Blödsinn. Und wir haben gut reden. Wir sitzen ja nicht bei meterhohen Wellen in einem Boot und sind kurz vor dem Untergehen.

Rein theoretisch hätten die Jünger entspannt bleiben können. Denn Jesus hatte ihnen bereits alles mitgeteilt, was sie wissen mussten, als er sagte: *»Lasst uns über den See ans andere Ufer fahren« (Markus 4,35).* Und weil seine Worte immer wahr sind, ruhte er in ihnen. Wörtlich. Jesus machte ein Nickerchen, denn auch inmitten eines heftigen Sturms gab es für ihn keinen Grund, Angst zu haben. Die Jünger waren erstaunt, als sie sahen, wie er den Sturm mit einem einzigen Befehl zum Schweigen brachte, und fragten sich: *»Was ist das für ein Mensch? Selbst Wind und Wellen gehorchen ihm!« (Vers 41).*

Das war auch die viel bessere Frage. Und die Antwort lautet: Er ist derjenige, der sich nie irrt. Er ist derjenige, der souverän über alles herrscht, auch wenn die Umstände hart werden. Unsere Aufgabe ist es also, keine Angst mehr zu haben, denn wenn er dabei ist, haben wir nichts zu fürchten. Wir sind vielmehr Eroberer, denen das Geheimnis von Gottes Reich anvertraut wurde (vgl. Römer 8,31-39), und Jesus hat uns versprochen, dass wir es trotz der Stürme sicher auf die andere Seite schaffen. Das heißt, wir können uns auf diesem Versprechen ausruhen.

Lust auf ein Nickerchen?

Gebetsfokus

Bitte Gott um Vergebung für die Momente, in denen du dachtest, dass er sich nicht um dich kümmert. Danke ihm für seine souveräne Herrschaft über alles in deinem Leben, auch über die Stürme. Danke ihm für seine Zusage, dich sicher ans Ufer zu bringen, und bitte ihn um die Gelassenheit, in ihm ruhen zu können.

Die nächsten Schritte

- Welche Lektionen hat Gott in deinem Leben zugelassen, um seine Souveränität zu demonstrieren?
- Wie hast du reagiert? Bist du panisch geworden und hast gedacht, dass Gott sich nicht darum kümmert? Oder konntest du dich auf seine Verheißungen verlassen?
- Schau genau hin und sei ehrlich zu dir selbst und zu Gott: Vertraust du Jesus wirklich in allem?

Tag 31
UNGLAUBE

»›Er ist doch der Zimmermann, Marias Sohn. Wir kennen seine Brüder Jakobus, Joses, Judas und Simon. Und auch seine Schwestern leben hier bei uns.‹ So kam es, dass sie ihn ablehnten. Da sagte Jesus: ›Nirgendwo gilt ein Prophet weniger als in seiner Heimat, bei seinen Verwandten und in seiner eigenen Familie.‹ Deshalb konnte er dort keine Wunder tun. Nur einigen Kranken legte er die Hände auf und machte sie gesund. Er wunderte sich über den Unglauben der Leute.«
Markus 6,3-6

Alle Menschen weit und breit waren erstaunt über die Fähigkeit von Jesus, Krankheiten zu heilen (vgl. Matthäus 9,32-33. 15,30-31; Lukas 8,25.13,17). Sie waren fasziniert von seinem tiefgründigen Wissen, seiner unerklärlichen Weisheit und von der außergewöhnlichen Art, wie er sprach (vgl. Matthäus 7,28-29; Markus 1,21-22.6,2; Johannes 7,15). Aber als er in seine Heimatstadt in Galiläa zurückkehrte, konnte kein noch so großes

Wunder die Menschen überzeugen, dass er mehr war als nur der einfache Zimmermann.

Und Jesus wunderte sich über ihren Unglauben.

Es ist eigentlich nur schwer vorstellbar, dass Menschen etwas tun können, was den menschgewordenen Gott zum Staunen bringt. Aber der hartnäckige Unglaube seiner Mitmenschen schaffte es. Wenn wir diese Geschichte lesen, urteilen die meisten von uns wohl insgeheim hart über die Männer und Frauen aus Nazareth. Aber im Grunde kennen auch wir den Unglauben nur allzu gut. Wir leisten schnell Widerstand und geben nur langsam nach. Wir wollen mehr Beweise, mehr Überzeugungskraft, mehr von unseren persönlichen Erwartungen erfüllt sehen. Wir bleiben in Habachtstellung, als müsse Gott noch mehr tun, bevor wir ihn für das ehren, was er bereits getan hat.

Ich frage mich, wie oft Gott sich über uns wundern muss.

Die Menschen zur Zeit Jesu erwarteten, dass der ersehnte Messias königlich und mächtig und viel beeindruckender daherkommen würde, als Jesus es war. Und ihre unerfüllten Erwartungen führten zu ihrem Unglauben. Auch die Menschen in unserer Zeit haben bestimmte Erwartungen an Gott. Aber was sollte der Schöpfer seinen Geschöpfen noch schuldig sein als die Gnade, die er uns bereits erwiesen hat? *»Gott ist zwar unsichtbar, doch an seinen Werken, der Schöpfung, haben die Menschen seit jeher seine ewige Macht und göttliche Majes-*

tät sehen und erfahren können. Sie haben also keine Entschuldigung« (Römer 1,20).

Weil Gott gut und liebevoll ist, hat er viel Geduld mit uns, wenn wir uns durch Glaubensfragen und Zweifel kämpfen. Er weiß, dass unerfüllte Erwartungen schmerzhaft, verwirrend und irreführend sein können. Sein Herz ist uns gegenüber weich, und er will nicht, dass jemand im Unglauben untergeht (2. Petrus 3,9). Deshalb gibt er uns jede Gelegenheit zu glauben. Deshalb hat er seine Macht und seinen Charakter durch die Schöpfung für alle sichtbar gemacht. Und zuletzt ist er selbst in diese Schöpfung eingetreten, durch das Leben und den Tod und die Auferstehung von Jesus.

Wir haben in der Tat jede Gelegenheit bekommen, zu glauben. Und wir werden vermutlich noch viele weitere bekommen. Aber wenn wir wie die Menschen in Nazareth auf unserem Unglauben beharren, werden wir – wie sie – die größten Wunder verpassen.

Gebetsfokus

Es ist in Ordnung zuzugeben, wenn du mit Unglauben zu kämpfen hast. Gott weiß ohnehin, was in deinem Kopf und deinem Herzen vor sich geht. Und es kann ungeheuer hilfreich sein, deine Zweifel laut auszusprechen und dich ihnen auf diese Weise zu stellen.

Bitte Gott, deinen Glauben und dein Verständnis für die Wahrheit zu stärken. Danke ihm für seine Geduld, dass er so liebevoll und barmherzig mit seiner Schöpfung umgeht und dass er uns jede Gelegenheit gibt, ihn kennenzulernen und an ihn zu glauben.

Die nächsten Schritte

- Inwiefern hast du mit Unglauben zu kämpfen?
- Lies Römer 1,20 und 2,14-15. Unterstreiche in deiner Bibel, wie die Schöpfung und dein eigenes Gewissen dir sagen, wer Gott ist.
- Wie hat Gott sich dir in der Vergangenheit gezeigt? Kann diese Erinnerung dir helfen, wenn du Schwierigkeiten hast zu glauben, dass Gott der ist, der er zu sein behauptet, und dass er tun wird, was er angekündigt hat?

Tag 32

BROTE UND FISCHE TEIL 1

»›Kommt mit‹, forderte Jesus sie auf, ›wir gehen jetzt an einen einsamen Ort, wo wir für uns sind. Dort könnt ihr euch ein wenig ausruhen.‹ Es war nämlich ein ständiges Kommen und Gehen, so dass sie nicht einmal Zeit zum Essen fanden. Deshalb fuhren sie mit dem Boot in eine entlegene Gegend, um allein zu sein. Aber das hatten viele Leute beobachtet. Aus allen Dörfern liefen sie dorthin und kamen sogar noch vor Jesus und seinen Jüngern am Seeufer an. Als Jesus aus dem Boot stieg und die vielen Menschen sah, hatte er Mitleid mit ihnen; sie waren wie Schafe, die keinen Hirten haben. Deshalb nahm er sich viel Zeit, ihnen Gottes Botschaft zu erklären.«
Markus 6,31-34

Die Jünger waren wirklich am Ende ihrer Kräfte. Sie kamen gerade von ihrer ersten Predigt-und-Heilungs-Tournee zurück, die total anstrengend gewesen sein muss (vgl. Markus 6,7-13).

Zweifellos waren sie körperlich erschöpft. Da sie wer weiß wie viele Kilometer zu Fuß zurückgelegt hatten – in primitiven Sandalen auf steinigem Terrain –, taten ihnen vermutlich die Füße weh. Und wahrscheinlich litten sie auch an Schlafmangel – ein neues Bett in jeder neuen Stadt und oftmals gar keine Betten in vielen Städten. Auch geistig und emotional dürften sie an ihre Grenzen gekommen sein, da Jesus ihnen keinerlei Vorsorge für die Reise zugestanden hatte – nicht einmal Wechselklamotten, keinen Proviant, keine Geldbörsen, keine Ressourcen jeglicher Art. Nicht zu vergessen, dass sie sich täglich um unzählige verletzte, kranke und leidende Menschen kümmern mussten – was eine ziemliche Herausforderung gewesen sein dürfte. Gott war zwar treu und erfüllte alle ihre Bedürfnisse, aber die Strapazen und Erlebnisse mussten erst mal verarbeitet werden.

Sie brauchten eine Pause, und Jesus wusste das. Deshalb lud er sie ein, sich auszuruhen. Nur kamen sie nicht dazu, weil Tausende von Menschen sie regelrecht verfolgten. Die Nachricht über die wundersamen Heilungen hatte sich schnell verbreitet. Und so folgten die Menschen Jesus und seinen Schülern selbst an vermeintlich abgeschiedene Orte. Was für eine Enttäuschung für die Jünger: Ruhe zu erwarten und stattdessen von einer Herde »Schafe ohne Hirten« empfangen zu werden. Und was für ein Chaos an diesem Ort geherrscht haben muss. Männer, Frauen und Kinder drängten sich um sie, um zu hören, zu sehen und gesehen zu werden – jeder von ihnen mit seinen eigenen Lasten und Wunden, mit Skepsis oder Neugier. Und Jesus hatte Mitleid mit ihnen. Schließlich wusste er, dass Gott weiterhin für die Kraft und Energie sorgen würde, die er und seine Anhänger brauchen würden, um den Notleidenden zu helfen.

Übrigens sind Schafe von Natur aus bedürftig. Ohne ihren Hirten halten sie nicht sehr lange durch. Damals arbeiteten und schliefen die Hirten im Freien. Sie brachten ihre Schafe auf kühlere Weiden, wenn die Hitze sie zu töten drohte. Sie versteckten die Tiere in Höhlen, um sie vor Hyänen und Schakalen zu schützen. Sie waren hyperwachsam, damit die Schafe nicht in tiefe Schluchten stürzten oder sich in Felsspalten die Beine brachen. Es war ein harter Job, bei dem man niemals wirklich Feierabend oder Urlaub hatte.

Und hier bei Jesus waren Menschen, die er mit Schafen ohne Hirten verglich: Sie wurden von Roms erdrückender Besteuerung und Brutalität verbrannt, ihre Seelen wurden von geistlichen Hyänen bedroht, sie waren in Gefahr, in die Schluchten und Klüfte von Dünkel und Rivalität zu stürzen und allein in einem Tal der Angst umzukommen. Die Not war groß, aber Jesus war im Begriff, sie zu lindern.

Und die Jünger? Waren vermutlich nicht begeistert. Sie waren müde und überrascht. Denn wir Menschen vergessen leider allzu schnell, was Gott in uns und durch uns vollbracht hat – man denke nur an die erfolgreiche Heilungs-Tournee. Und wir neigen leider auch dazu zu glauben, die Probleme vor unserer Nase solle lieber jemand anderes lösen.

Und das ist – wie wir im nächsten Kapitel sehen werden – ein großes Problem.

Gebetsfokus

Mache diesen Psalm zu deinem Gebet:

»Der HERR ist mein Hirte, nichts wird mir fehlen.
Er weidet mich auf saftigen Wiesen und führt mich zu frischen Quellen.
Er gibt mir neue Kraft.
Er leitet mich auf sicheren Wegen und macht seinem Namen damit alle Ehre.
Auch wenn es durch dunkle Täler geht, fürchte ich kein Unglück, denn du, HERR, bist bei mir.
Dein Hirtenstab gibt mir Schutz und Trost.
Du lädst mich ein und deckst mir den Tisch vor den Augen meiner Feinde.
Du begrüßt mich wie ein Hausherr seinen Gast und füllst meinen Becher bis zum Rand.

Deine Güte und Liebe begleiten mich Tag für Tag; in deinem Haus darf ich bleiben mein Leben lang.«
Psalm 23,1-4.6

Die nächsten Schritte

- Bist oder warst du schon einmal so richtig müde und ausgebrannt (körperlich, seelisch, geistlich, emotional)?
- Wie hat Gott zu dieser Zeit deinen Mangel ausgefüllt oder dich auch zum Ausruhen eingeladen? Konntest du seine Einladung annehmen?
- Wo siehst du in deiner Umgebung große Not? Wo gibt es Schafe ohne Hirten?

Tag 33

BROTE UND FISCHE TEIL 2

»Gegen Abend kamen seine Jünger zu ihm und sagten: ›Es ist spät geworden, und die Gegend hier ist einsam. Schick die Leute weg, damit sie in die umliegenden Dörfer und Höfe gehen und dort etwas zu essen kaufen können!‹ Aber Jesus antwortete: ›Gebt ihr ihnen zu essen!‹ ›Sollen wir etwa losgehen und für 200 Silberstücke Brot kaufen, um sie alle zu verpflegen?‹, fragten die Jünger verwundert. ›Wie viel Brot habt ihr denn bei euch?‹, erkundigte sich Jesus. ›Seht einmal nach!‹ Kurz darauf kamen sie zurück und berichteten: ›Fünf Brote. Und außerdem noch zwei Fische.‹«
Markus 6,35-38

»Gebt ihr ihnen etwas zu essen. Ihr. Diese Leute, die ich liebe, sind nicht das Problem von jemand anderem. Ich habe sie zu eurem Problem gemacht.« Okay, zugegeben, das ist kein direktes Zitat von Jesus. Aber es könnte eins sein. Denn Jesus hatte tatsächlich die Umstände geschaffen, in denen sich die Jünger

nun befanden. Schließlich war er es gewesen, der so lange an diesem abgelegenen Ort zu den Leuten gesprochen hatte – zu lange, denn jetzt waren alle hungrig, und es war schon ziemlich spät.

Natürlich lag es nicht in der Macht oder im Geldbeutel der Jünger, so viele Menschen satt zu machen. Sie waren ja gerade selbst erst von einem Missionseinsatz zurückgekommen und hatten rein gar nichts bei sich. Jesus hatte sie herausgefordert, sich ganz auf Gottes Versorgung zu verlassen. Und er hatte oft andere Menschen benutzt, um die Jünger zu versorgen.

> *»›Nehmt nichts mit auf die Reise außer einem Wanderstock! Ihr sollt kein Essen, keine Tasche und kein Geld bei euch haben. Nur Schuhe dürft ihr tragen, aber kein zweites Hemd mitnehmen.‹ Weiter sagte er: ›Wenn ihr in ein Haus kommt, dann bleibt dort zu Gast, bis ihr weiterzieht.‹«*
> *Markus 6,8-10*

Nun also: ein anderes Szenario, aber derselbe Gott. Derjenige, der die Jünger jetzt dazu aufforderte, den Menschen zu essen zu geben, war derselbe, der ihnen gesagt hatte, sie sollten nichts mitnehmen. Er hatte bewiesen, dass er für ihre Bedürfnisse sorgen konnte, sei es mit Nahrung und Unterkunft durch die Gastfreundschaft anderer Menschen oder durch direkte Wunder. Was folgte, war großartig:

»Dann zogen die Jünger los und forderten die Menschen auf: ›Kehrt um zu Gott!‹ Sie befreiten Menschen, die von bösen Geistern beherrscht waren, salbten viele Kranke mit Öl und heilten sie.«
Markus 6,12-13

Und jetzt gab es wieder einmal Versorgungsbedarf. Nur dieses Mal sollten sie selbst die Gastgeber sein, und das wunderte sie. Wie sollten sie all diese Leute satt bekommen? Ohne eine Münze in der Tasche! *»Sollen wir etwa losgehen und für 200 Silberstücke Brot kaufen, um sie alle zu verpflegen?«* Vielleicht hatte die Erschöpfung sie vergessen lassen, was sie kurz zuvor an Vollmacht, Wundern und Versorgung erlebt hatten. Oder vielleicht erforderte jede neue Situation einen Auffrischungskurs im Glauben. Eigentlich hätten sie es besser wissen müssen. Doch nicht einer von ihnen dachte daran, dass sie zur Lösung dieser Nahrungsmittelkrise beitragen könnten.

Jesus war geduldig mit ihnen und stellte die einfache Frage: *»Wie viel Brot habt ihr denn bei euch?«* Mit anderen Worten: »Die Menschen vor eurer Nase brauchen etwas zu essen. Und ihr habt doch genug. Denn ihr habt Zugang zu dem einen, der 1. alle Menschen liebt und 2. allmächtig ist. Bringt mir also das bisschen, was ihr habt: euren kleinen, aber wachsenden Glauben und das Lunchpaket dieses kleinen Jungen dort (vgl. Johannes 6,9). Mit meiner Hilfe werdet ihr die Leute versorgen können.«

Kleiner Spoiler: Jeder bekam an diesem Tag genug zu essen, und es waren die Jünger, die das Essen austeilen durften. Jesus hat nicht einfach Brot im Schoß der Menschen erscheinen lassen – obwohl er das leicht hätte tun können. Stattdessen ließ er seine Anhänger helfen. Was für ein Geschenk! Für die hungrige Menge, aber auch für die Männer, die an einer ganz neuen Art von Wunder mitwirken durften. Ein Wunder, durch das Menschen gesättigt und für immer verändert wurden.

Aber dazu in Kürze mehr.

Gebetsfokus

Danke Gott dafür, dass er der große Versorger ist und sich auch um deine Bedürfnisse kümmert. Bring ihm deinen Mangel und bitte ihn um seine Fülle. Bete auch, dass er dein kleines Glaubenssenfkorn nimmt und wachsen lässt, indem er dich bevollmächtigt, anderen zu helfen.

Die nächsten Schritte

- Was ist im Moment dein größtes Bedürfnis?
- Welche Bedürfnisse deiner Mitmenschen könnten Anliegen sein, auf die Gott dich hinweist? Wenn dir nichts einfällt, bitte Gott, sie dir zu zeigen.
- Welche Dinge hat Gott für dich schon bereitgestellt (Geld, Zeit, Talent, Einfluss usw.)? Wie könntest du sie einsetzen, um anderen zu helfen?

Tag 34

BROTE UND FISCHE TEIL 3

»Da ordnete Jesus an, dass sich die Leute in Gruppen ins Gras setzen sollten. So bildeten sie Gruppen von jeweils fünfzig oder hundert Personen. Jetzt nahm Jesus die fünf Brote und die beiden Fische, sah zum Himmel auf und dankte Gott. Dann teilte er das Brot und reichte es seinen Jüngern, damit diese es an die Menge weitergaben. Ebenso ließ er auch die Fische verteilen. Alle aßen und wurden satt. Als man anschließend die Reste einsammelte, waren es noch zwölf volle Körbe mit Brot. Auch von den Fischen war noch etwas übrig. An der Mahlzeit hatten fünftausend Männer teilgenommen, außerdem noch viele Frauen und Kinder.«
Markus 6,39-44

Die Menschen waren zufrieden. Und das ist eine Seltenheit, weil wir Menschen nun mal chronisch unzufrieden sind. Jesus hatte aber nicht nur mit fünf kleinen Broten und zwei Fischen

Tausende von Menschen satt gemacht, es gab auch noch reichlich Überreste: zwölf Körbe – für jeden Jünger einen, damit sie sich fragen konnten, warum sie jemals an Jesus gezweifelt hatten. Zu diesem Zeitpunkt hatten sie schon so viele Wunder erlebt, dass sie sich eigentlich hätten denken können, dass dieses »Problem« mal wieder eine Gelegenheit für Jesus war, etwas Großartiges zu tun. Leider waren die Jünger aber genau wie wir: voller Verwirrung, Ängste und Zweifel.

Dummerweise lernen wir Menschen die wichtigen Dinge oft furchtbar langsam. Und so ging es den Jüngern eben auch. Aber trotz ihrer langen Leitung wurden die Menschen satt und die Körbe voll. Und wir alle können von der Geschichte profitieren, denn die Wahrheit ist: Unser Leben würde sich radikal verändern, wenn wir unsere Wahrnehmung von Gottes Großzügigkeit nachjustieren würden. Wenn wir nur der Bibel glauben würden, wo wir immer wieder auf verschiedene Weise sehen, dass Gott seine Kinder mit Segen überschüttet.

Stellt mich doch auf die Probe und seht, ob ich meine Zusage halte! Denn ich verspreche euch, dass ich dann die Schleusen des Himmels wieder öffne und euch überreich mit meinem Segen beschenke.«
Maleachi 3,10

Wenn wir nur begreifen würden, dass Gott beständig und großzügig für diejenigen sorgt, die Jesus folgen, und uns so viel gibt, dass wir sogar andere beschenken können.

»Er kann euch so reich beschenken, ja, mit Gutem geradezu überschütten, dass ihr zu jeder Zeit alles habt, was ihr braucht, und mehr als das. So könnt ihr auch noch anderen auf verschiedenste Art und Weise Gutes tun.«
2. Korinther 9,8

Wenn wir nur seine Gnade wirklich verinnerlichen würden und verstehen, was sie in unserem Leben bewirkt.

»Durch Christus, der sein Blut am Kreuz vergossen hat, sind wir erlöst, sind unsere Sünden vergeben. Und das verdanken wir allein Gottes unermesslich großer Gnade. Ja, in seiner Liebe hat er uns überreich beschenkt: Er hat uns mit Weisheit erfüllt und uns seinen Willen erkennen lassen. Sein Plan für diese Welt war bis dahin verborgen, doch nun hat er ihn uns gezeigt. Durch Christus verwirklicht er ihn genau so, wie er es sich vorgenommen hat. So soll, wenn die Zeit dafür gekommen ist, alles im Himmel und auf der Erde unter der Herrschaft von Christus vereint werden.«
Epheser 1,7-10

Tja, es würde für die frühen Anhänger von Jesus noch ein paar Jahre dauern und etwa vierzehn weitere Kapitel im Markusevangelium, bis sie all das wirklich verstanden. Sie brauchten Zeit, und auch wir brauchen Zeit, um zu begreifen, dass Gottes Treue sich durchsetzen wird, egal, wie die Umstände sind. Zum Glück haben die Jünger es am Ende begriffen, und das befähigte sie, in die ganze Welt zu gehen und die Wahrheit über Jesus zu verkünden, sogar bis in den Tod (vgl. Markus 16,14-20). Zu diesem Zeitpunkt hatten sie so viel gesehen und erfahren, dass sie nicht mehr anders konnten, als sich voll in Gottes Auftrag zu investieren: ihre Brote und Fische anzubieten und darauf zu vertrauen, dass derselbe Gott, der im Handumdrehen 5 000 Menschen satt machen kann, großzügig für alles sorgt.

> *»Gott aber kann viel mehr tun, als wir jemals von ihm erbitten oder uns auch nur vorstellen können. So groß ist seine Kraft, die in uns wirkt. Deshalb wollen wir ihn mit der ganzen Gemeinde durch Jesus Christus ewig und für alle Zeiten loben und preisen. Amen.«*
> *Epheser 3,20-21*

Gebetsfokus

Erkenne an, dass Gott die Macht hat, alle Dinge zu tun. Danke ihm dafür, dass er verspricht, die Bedürfnisse seiner Kinder zu stillen. Bitte ihn, dir zu helfen, ihm mehr zu vertrauen und mehr auf seine Möglichkeiten zu schauen als auf deine Begrenzungen. Bete für Gelegenheiten, anderen von Jesus zu erzählen, im Vertrauen darauf, dass Gott für die richtigen Worte, das ideale Timing und die nötigen Mittel sorgen wird. Danke ihm dafür, dass du Teil seines großen Werkes sein darfst.

Die nächsten Schritte

- Fällt es dir leicht zu glauben, dass Gott großzügig für die Menschen sorgt, die Jesus folgen? Warum oder warum nicht?
- Was ist deiner Meinung nach der Unterschied zwischen »alles bekommen, was man will« und »zufrieden sein«?
- Lies 2. Korinther 9,8. Was ist die natürliche Folge von Gottes Versorgung?

Tag 35

FLASCHENGEIST

»Auf dem Weg nach Jerusalem zog Jesus mit seinen Jüngern durch das Grenzgebiet von Samarien und Galiläa. Kurz vor einem Dorf begegneten ihm zehn Aussätzige. Im vorgeschriebenen Abstand blieben sie stehen und riefen: ›Jesus, Herr! Hab Erbarmen mit uns!‹ Er sah sie an und forderte sie auf: ›Geht zu den Priestern und zeigt ihnen, dass ihr geheilt seid!‹ Auf dem Weg dorthin wurden sie gesund. Einer von ihnen lief zu Jesus zurück, als er merkte, dass er geheilt war. Laut lobte er Gott. Er warf sich vor Jesus nieder und dankte ihm. Es war ein Mann aus Samarien. Jesus fragte: ›Waren es nicht zehn Männer, die gesund geworden sind? Wo sind denn die anderen neun? Wie kann es sein, dass nur einer zurückkommt, um sich bei Gott zu bedanken, noch dazu ein Fremder?‹ Zu dem Samariter aber sagte er: ›Steh wieder auf! Dein Glaube hat dich geheilt.‹«
Lukas 17,11-19

Zehn Aussätzige, die in einiger Entfernung standen. Laut Gesetz durften Leprakranke nicht näher als vier Ellen an gesunde Menschen herankommen, weil die Krankheit als äußerst ansteckend galt. Das Gesetz zwang sie sogar, in ausgewiesenen Kolonien im Nirgendwo zu leben. Sie sollten Glocken oder Schellen tragen, um die Menschen zu warnen, die auch nur in ihre Hörweite kamen. Und sie mussten schon von Weitem schreien: »Unrein! Unrein!«, damit ihnen niemand zu nahe kam.

Nur eine vollständige Heilung, die aber so gut wie unmöglich war, konnte die soziale Isolation aufheben. Jesus eröffnete den zehn Aussätzigen den Weg zurück ins gesellschaftliche Leben, indem er ihre Krankheit heilte. Aber nur einer von ihnen kam zu Jesus zurück, um sich bei ihm zu bedanken. Was war mit dem Rest? Waren sie gleichgültig und undankbar? Oder hatten sie in ihrer Euphorie einfach vergessen, dass es einen Grund für ihre Heilung gab? Darüber verrät uns die Bibel nichts. Wir wissen nur, dass Jesus selbst sich darüber wunderte, dass nur einer von zehn zurückgekommen war, um ihm zu danken.

Etwas befremdlich ist es schon. Diese Menschen wurden von einer schrecklichen, entstellenden Krankheit geheilt, die zu schuppenartigen Ausschlägen und Wunden am ganzen Körper führte. Manche Körperteile wie Finger oder Nasen fielen mit Fortschreiten der Krankheit ab, die Knochen deformierten sich. Dazu kam diese schreckliche Quarantäne auf Lebenszeit. Man sollte meinen, dass ihre Herzen durch die Heilung für immer mit Jesus verbunden waren. Dass es ihr erster Impuls hätte sein müssen, Jesus auf Knien zu danken. Dass sie nichts lieber wollten, als ihr Leben mit dem zu verbringen, der Macht hat über Krankheit und Tod und der sie aus der Einsamkeit, der sozialen Isolation, der Verzweiflung, den Schmerzen und der Hoffnungslosigkeit gerettet hatte. Jesus war der eine, der ihnen nahegekommen war, als es sonst niemand tat.

Aber nein. Ihr Wunsch war erfüllt worden, und das war's. Wir mögen darüber den Kopf schütteln. Aber im Grunde unterscheiden wir uns nicht so sehr von den neun Geheilten, die nicht zurückkehrten. Genau wie sie neigen auch wir dazu, vor allem dann zu Jesus zu kommen, wenn er etwas für uns tun soll, anstatt ihn dafür zu lieben, wer er ist. In Momenten der Verzweiflung versprechen wir ihm alles Mögliche und schwören, ihm treuer und leidenschaftlicher nachzufolgen, wenn er nur so eingreift, wie wir es uns wünschen. Allzu oft sind wir wie diejenigen, die Jesus »Meister« nannten, wenn es ihnen in den Kram passte, aber es nicht wirklich ernst meinten. Sobald wir bekommen haben, was uns so wichtig schien, machen wir wieder unser eigenes Ding. Wir behandeln den König des Universums manchmal so, als wäre er eine Art Flaschengeist, der unsere Wünsche erfüllen soll. Und dabei verpassen wir das Beste: eine intime, stabilisierende, friedensstiftende, ewige Beziehung zu ihm – der uns so sehr liebt, dass er sich uns nähert, wenn kein anderer es tut.

Wie viel besser wäre es, wie der Mann zu sein, der zu Jesus zurücklief. Sein Leid führte nicht nur zur Heilung, sondern zum Retter. Als Jesus sagte: »Dein Glaube hat dich gesund gemacht«, bezog er sich nicht auf die körperliche Genesung des Mannes, denn er war ja wie die anderen neun bereits unterwegs von der Krankheit befreit worden. Nein, Jesus sprach über das Herz des Mannes und jene Art von Heilung, die bis in die Ewigkeit Bestand hat. Die Heilung, die uns von Sünde und Tod befreit. Die Heilung, die uns einen intimen und ständigen Zugang zu unserem Schöpfer ermöglicht. Die Heilung, die zwar vielleicht nicht immer unserem unmittelbaren Wunsch entspricht, aber schnell unser größter Schatz, unsere tiefste Erleichterung und unsere größte Hoffnung wird.

Gebetsfokus

Lauf – wie der Geheilte – zurück zu Jesus und danke ihm für das, was er schon für dich getan hat. Dann richte deine Aufmerksamkeit darauf, wer Jesus ist, indem du über seine Eigenschaften nachdenkst und ihn dafür anbetest: seine Liebe (vgl. Römer 8,35-39), seine Freundlichkeit (vgl. Titus 3,4-6), seine

Treue (vgl. 2. Timotheus 2,13), seine Güte (vgl. Psalm 31,19) und sein Erbarmen (vgl. Epheser 2,4-7), um nur einige zu nennen.

Die nächsten Schritte

- Welche Umstände in deinem Leben haben dich näher zu Jesus gebracht und warum?
- Bei welchen Gelegenheiten hast du Gott eher wie einen Flaschengeist behandelt als wie deinen Erlöser und Herrn?
- Jesus fragte: *»Wie kann es sein, dass nur einer zurückkommt, um sich bei Gott zu bedanken, noch dazu ein Fremder?« (Lukas 17,18).* Setze dir das neue Ziel, Gott täglich zu danken für das, was er getan hat, aber auch für wer er ist.

Tag 36

UNMÖGLICHES MÖGLICH GEMACHT

»Jesus sah sie an und sagte: ›Für Menschen ist es unmöglich, aber für Gott ist alles möglich!‹«
Matthäus 19,26

Wenn Menschen sich zusammenschließen, um ein gemeinsames Ziel zu erreichen, kann Großartiges entstehen. Zunächst einigt man sich darauf, welches Ziel möglich erscheint. Dann werden Pläne erstellt, Aufgaben zugewiesen und Fortschritte gemacht. Und am Ende wird vielleicht sogar Geschichte geschrieben. Das Ganze kann ungeheuer inspirierend sein – oder manchmal auch ein komplettes Desaster.

Wenn es um christliche Ziele und Pläne geht, erinnern wir uns gern daran, dass *für Gott alles möglich ist*. Aber wir vergessen oft die erste Hälfte dieses Verses: *Für Menschen ist es unmöglich*. Wir neigen auch dazu, den Kontext und den Grund außer Acht zu lassen, warum Jesus das gesagt hat, nämlich um die ursprüngliche Frage der Jünger zu beantworten: »Wer kann überhaupt gerettet werden?« (vgl. Matthäus 19,25).

Das ganze Gespräch fand statt, nachdem ein reicher junger Mann sich von Jesus abgewandt hatte, weil er nicht bereit war, sich von seinem gesamten Besitz zu trennen. Er hatte das Gesetz befolgt, und es war ihm gelungen, ein großes Vermögen zu machen. Aber er wollte sein persönliches Königreich nicht einbüßen, um mit Jesus zu gehen (vgl. Matthäus 19,16-26). Es war für ihn also unmöglich, sich vor sich selbst zu retten.

In der Genesis gibt es eine ähnliche Geschichte über das Verhältnis »möglich/unmöglich«, aber in größerem Maßstab. Nach der Sintflut befahl Gott den Menschen, *»die Erde zu bevölkern« (1. Mose 9,1)*, aber sie wollten lieber an Ort und Stelle bleiben und eine utopische Gesellschaft schaffen, in der es nur darum ging, berühmt zu sein. Vereint in ihrem Narzissmus fassen die Menschen einen Plan: *»›Auf! Jetzt bauen wir uns eine Stadt mit einem Turm, dessen Spitze bis zum Himmel reicht!‹, schrien sie. ›Das macht uns berühmt. Wir werden nicht über die ganze Erde zerstreut, sondern der Turm hält uns zusammen!‹« (1. Mose 11,4).*

Gott war mit dem Plan nicht einverstanden und sagte: *»Seht nur! Sie sind ein einziges Volk mit einer gemeinsamen Sprache. Was sie gerade tun, ist erst der Anfang, denn durch ihren vereinten Willen wird ihnen von jetzt an jedes Vorhaben gelingen!« (1. Mose 11,6).* Gott wurde aber keineswegs nervös oder fühlte sich bedroht durch das, was die Menschen erreichen konnten. Eine Weile ließ er sie ihren eigenen Unsinn machen und beobachtete, wie sie sich ein gemeinsames Ziel steckten, Pläne erstellten, Aufgaben zuwiesen und einige Fortschritte machten. Aber dann demontierte er die ganze Sache, indem er ihre Sprachen durcheinanderbrachte. Die Menschen verstreuten sich über die Erde, denn das war von Anfang an Gottes Plan gewesen.

Menschen können alle möglichen Sachen aufbauen: ein Vermögen, einen Turm, eine Stadt, ein Unternehmen, eine Hilfsorganisation, eine Terrorzelle, eine Theatergruppe, einen Bowling-Verein, ein totalitäres Regime – was auch immer. Gott sieht zu, wie wir uns zusammenfinden und Pläne schmieden. Und er lässt uns machen … bis unser Plan mit seinem kollidiert. In diesem Fall zerlegt er das Ding schneller, als du das hier lesen kannst: *»Die größte Weisheit, die tiefste Einsicht und die besten Pläne können nicht bestehen, wenn sie gegen den HERRN gerichtet sind« (Sprichwörter 21,30).*

Nebenbei bemerkt: Gott schaden wir nicht durch unsere schrägen Pläne. Aber uns selbst können wir damit enorm schaden. Wie der reiche junge Mann können wir unser persönliches Königreich aufbauen und alles ablehnen, was Jesus zu bieten hat. Oder wir können, wie die turmbauenden Egomanen, dem Gruppendruck unterliegen und von Gottes Plan abweichen. So oder so verlieren wir. Deshalb brauchen wir so dringend das, was für Menschen unmöglich ist. Und darum sollten wir reagieren, wenn Gott es tut.

Es geschieht etwas Bedeutendes, wenn Menschen sich voller Hingabe und Leidenschaft mit Jesus zusammentun, um seine Ziele zu erreichen. Zuerst sind sie sich einig darüber, dass die wichtigsten Dinge für Menschen unmöglich sind. Dann wachsen sie und beginnen zu glauben, dass mit Gott alle Dinge möglich sind. Königreichspläne werden gezeichnet, Aufgaben werden verteilt und am Ende wird immer Geschichte geschrieben.

Gebetsfokus

Bitte Gott dir zu zeigen, wo deine Pläne mit seinem kollidieren, wo du an deinem kleinen Reich festhältst oder wo dich Gewohnheit oder Gruppendruck daran hindert, Jesus mit ganzem Herzen zu folgen. Danke ihm dafür, dass er dich vor dir selbst retten kann.

Die nächsten Schritte

- Gibt es etwas in deinem Leben – vielleicht etwas, das du dir selbst aufgebaut hast –, was du nur schwer loslassen könntest, wenn Jesus dich darum bitten würde?
- Hast du schon einmal – vielleicht aus Gruppendruck heraus – etwas getan, das im direkten Gegensatz zu Gottes Plan stand? Wie kam es dazu? Und was hätte dir helfen können, dich anders zu entscheiden?
- Wo hast du schon erlebt, dass Gott dein »Unmöglich« mit seinem »Möglich« durchbrochen hat? Wie hat das deine Pläne verändert?

Tag 37

HOFFNUNG IN HARTEN ZEITEN

»In der Welt werdet ihr hart bedrängt, aber lasst euch nicht entmutigen: Ich habe diese Welt besiegt.«
Johannes 16,33

So schön das Leben sein mag, es ist auch immer wieder voller Enttäuschungen, Schmerz und Leid. Neben viel Gutem gibt es in dieser Welt leider auch eine ganze Menge Schlechtes. Jesus machte den Jüngern klar, dass ihnen durch ein Leben an seiner Seite die Schwierigkeiten dieses Lebens nicht erspart bleiben würden.

Da Probleme also quasi vorprogrammiert sind, brauchen wir uns gar nicht dagegen zu sträuben. Wir sollten vielmehr damit rechnen. Dementsprechend schreibt Paulus:

»Doch nicht nur dafür sind wir dankbar. Wir danken Gott auch für die Leiden, die wir wegen unseres Glaubens auf uns nehmen müssen. Denn Leid macht geduldig, Geduld aber

vertieft und festigt unseren Glauben, und das wiederum stärkt unsere Hoffnung. Diese Hoffnung aber geht nicht ins Leere. Denn uns ist der Heilige Geist geschenkt, und durch ihn hat Gott unsere Herzen mit seiner Liebe erfüllt.«
Römer 5,3-5

Wir sollen also bei Problemen nicht davonlaufen. Oder uns betäuben. Oder überreagieren. Stattdessen dürfen wir uns darüber freuen. (Hä!?) Ja, schon klar, die Prüfungen des Lebens bewirken in uns Geduld, Glauben und Hoffnung. Doch trotz des charakterbildenden Werts von Leid entscheidet sich wohl niemand bewusst für schwere Dinge. Niemand würde Krankheit der Gesundheit, Scheitern dem Erfolg, Verlust dem Gewinn oder Tragödien dem Triumph vorziehen. Und das ist genau der Grund, warum Gott zulässt, dass wir immer wieder zu kämpfen haben. Er verpackt Gelegenheiten als Härtefälle und ermöglicht uns auf diese Weise Erfahrungen, die wir sonst nie machen würden.

Er lässt unsere Hoffnung wachsen. Hoffnung, die in schweren Zeiten geschmiedet wird, geht tief. Sie ermöglicht eine innere Verwandlung, die niemals aus reiner Bedürfnisbefriedigung oder fröhlichem Gelingen geboren werden könnte. Wir wachsen einfach nicht in allen Bereichen, die zu einer reifen Persönlichkeit gehören, wenn das Leben leicht ist und wir keine Sorgen haben.

Natürlich dürfen wir in unseren Schwierigkeiten trotzdem für Hilfe und Linderung beten. Wir dürfen und sollen in jeder Lebenslage zu Gott beten und ihm sagen, was uns fehlt (vgl. Philipper 4,6-7). Aber wenn Gott uns auf einen Weg führt, der mit Schlaglöchern und Hindernissen übersät ist, dann tut er das, weil er uns zu Reisenden mit jesusmäßigem Charakter und unverschämter Hoffnung ausbilden will.

Darum dürfen wir uns über Schwierigkeiten auch ein bisschen freuen. Denn trotz Enttäuschung, Schmerz und Leid ist das Leben mit Jesus wirklich schön. Unser Erlöser hat den Preis für uns bezahlt. Wir können in dieser Welt leben und seinen Sieg teilen, den er durch seine Auferstehung errungen hat (vgl. 1. Petrus 2,24-25). Auch wenn wir nicht von allen Schwierigkeiten verschont bleiben, solange wir auf dieser Erde leben, so haben wir das ewige Versprechen von Jesus: »*Ich habe diese Welt besiegt.*«

Gebetsfokus

Bete, dass Gott dich stärkt, wenn du harte Zeiten durchmachen musst. Danke ihm dafür, dass er dir zwar nicht alle Probleme abnimmt, aber alles zu deinem Besten nutzen kann. Bitte ihn um Hilfe, in schweren Zeiten nicht zu verbittern, sondern seiner Liebe zu vertrauen und trotz allem Freude und Dankbarkeit empfinden zu können. Denn das kann niemand aus sich selbst heraus.

Die nächsten Schritte

- Was ist deine bevorzugte »Methode«, um Schmerz oder Ärger zu vermeiden (betäuben, ablenken, ignorieren, überkompensieren – um nur einige Möglichkeiten zu nennen)?
- Erinnere dich an eine Situation in deinem Leben, in der du etwas aus- oder durchhalten musstest. Wie hat dich das verändert?
- Was bedeutet es für dich persönlich, dass Jesus »die Welt besiegt« hat?

Tag 38

HABT KEINE ANGST

»Gleich darauf drängte Jesus seine Jünger, in ihr Boot zu steigen und an das andere Ufer des Sees vorauszufahren. Er selbst blieb zurück, denn er wollte erst noch die Leute verabschieden. Dann ging er auf einen Berg, um ungestört beten zu können. Bei Einbruch der Nacht war er immer noch dort, ganz allein. Die Jünger waren schon weit draußen auf dem See, als ein Sturm heraufzog. Der starke Gegenwind peitschte die Wellen auf und machte dem Boot schwer zu schaffen. In den frühen Morgenstunden kam Jesus über den See zu ihnen. Als die Jünger ihn auf dem Wasser gehen sahen, waren sie zu Tode erschrocken. ›Es ist ein Gespenst!‹, meinten sie und schrien voller Entsetzen. Aber Jesus sprach sie sofort an: ›Habt keine Angst! Ich bin es doch, fürchtet euch nicht!‹«
Matthäus 14,22-27

In dieser Nacht auf dem See gab es eine Menge, was den Jüngern zu schaffen machte: der Wind und die Wellen. Der sich schnell verbreitende Ruhm von ihrem Meister und alles, was damit zusammenhing. Die ständige Bedrohung, von den religiösen Anführern verhaftet zu werden. Der wachsende Andrang von Menschen. Die Unterdrückung und die schwere Besteuerung durch die römische Besatzung. Und nicht zuletzt die bange Frage, wie sehr sich ihr Leben wohl noch verändern würde. Also ja, es gab viele gute Gründe, sich unsicher zu fühlen oder Angst zu haben. Und jetzt auch noch ein Geist.

Als die Männer gegen Wind und Wellen anruderten, sahen sie etwas, das alle zwölf dazu veranlasste, vor Angst aufzuschreien. Und bevor wir darüber den Kopf schütteln, sollten wir den Kontext berücksichtigen:

1. Nie zuvor hatten diese Jungs – etliche von ihnen Fischer – etwas gesehen, das sich über die Wasseroberfläche bewegte. Wenn ich es mir recht überlege, habe ich so etwas auch noch nie gesehen. Und vermutlich auch sonst niemand.
2. Sie waren rund fünf Kilometer vom Ufer entfernt (vgl. Johannes 6,19). Was also sollte sich mitten auf dem See übers Wasser bewegen?
3. Ihre Nerven waren bereits angespannt. Jesus hatte ihr Leben völlig auf den Kopf gestellt. Sie waren ständig unterwegs, permanent in Action. Sie hatten eine krasse Sache nach der anderen erlebt, ohne zwischendurch Zeit zum Ausruhen oder zum Verarbeiten gehabt zu haben.

4. Sie wussten noch nicht, wie nah Jesus ihnen tatsächlich war und immer ist. Aber sie waren im Begriff, es zu lernen.

»Habt keine Angst! Ich bin es doch.« Mit anderen Worten: »Seid getröstet. Seid zufrieden. Seid ermutigt und voller Hoffnung. Denn derjenige, der die Menschen heilt, der Gelähmte gehen und Blinde sehen lässt, der mit aller Autorität Weisheit und Erkenntnis ausspricht, der gerade mehr als fünftausend Menschen mit ein paar Broten und Fischen satt gemacht hat - er ist bei euch. Und der Wind und die Wellen gehorchen ihm.«

Aber wir wollen nicht voreilig sein. Denn die Worte, die Jesus in dieser Nacht auf dem See sprach, waren nicht nur für die Jünger bestimmt. Bei uns allen gibt es Dinge im Leben, die uns vor Angst aufschreien und in Panik verfallen lassen. Unser erster Instinkt ist normalerweise nicht, hart steuerbord nach Jesus Ausschau zu halten. Das Gleiche galt für die Jünger. Sie kämpften und mühten sich ab, und Jesus war nun mal nicht mit im Boot. Dementsprechend glaubten sie natürlich, Jesus sei nicht da. Anfängerfehler.

Bei Markus heißt es im Bericht über dieselbe Geschichte:

> *»Bei Einbruch der Nacht war Jesus immer noch allein an Land, und das Boot mit den Jüngern befand sich mitten auf dem See. Jesus sah, dass sie große Mühe mit dem Rudern*

hatten, weil ein starker Gegenwind blies. In den frühen Morgenstunden kam er über den See zu ihnen. Er war schon beinahe an ihnen vorüber, als die Jünger ihn auf dem Wasser gehen sahen.«
Markus 6,47-48

Jesus sah die Jünger, weil er sie beobachtete. Es gab keinen Moment, in dem sie nicht in seiner Obhut oder außerhalb seiner Reichweite waren. Er hat sie nicht vernachlässigt oder vergessen. Er war nicht gleichgültig gegenüber dem, was sie durchmachten – im Gegenteil. Aber er wusste, sie brauchten diese Erfahrung, um genau das zu lernen, was auch wir lernen müssen: dass Gott bei uns ist, noch bevor wir uns seiner Gegenwart bewusst sind (vgl. Zefanja 3,17), dass er uns niemals verlässt oder im Stich lässt (vgl. 5. Mose 31,8) und dass wir in den Stürmen und Dunkelheiten unseres Lebens Mut fassen können, weil uns nichts von der Liebe und Fürsorge, der Macht und den Plänen unseres Gottes trennen kann (vgl. Römer 8,38-39).

Und nun nähern wir uns dem Ende dieses Andachtsbuchs und damit auch dem Sinn des Ganzen.

Gebetsfokus

Danke Jesus für seine ständige Gegenwart in deinem Leben. Erzähle ihm von den Dingen, die dir Angst machen, und bitte ihn, dir zu zeigen, wie er in diesen Situationen gegenwärtig ist. Danke ihm dafür, dass er schon da ist, noch bevor du ihn sehen oder spüren kannst.

Die nächsten Schritte

- Welche besonderen Umstände in deinem Leben haben bewirkt, dass du dich verlassen oder ängstlich gefühlt hast?
- Was bedeuten dir die Worte von Jesus: *»Habt keine Angst! Ich bin es doch, fürchtet euch nicht!«*? Kannst du sie für deine persönlichen Angst-Situationen in Anspruch nehmen?
- Lerne einige Bibelverse über Gottes Gegenwart auswendig, damit du sie dir in Erinnerung rufen kannst, wenn in deinem Leben ein Sturm aufzieht.

Tag 39

RAUS AUS DEM BOOT

»Da rief Petrus: ›Herr, wenn du es wirklich bist, dann befiehl mir, auf dem Wasser zu dir zu kommen.‹ ›Komm her!‹, antwortete Jesus. Petrus stieg aus dem Boot und ging Jesus auf dem Wasser entgegen. Kaum war er bei ihm, da merkte Petrus, wie heftig der Sturm um sie tobte. Er erschrak, und im selben Augenblick begann er zu sinken. ›Herr, hilf mir!‹, schrie er. Sofort streckte Jesus ihm die Hand entgegen, hielt ihn fest und sagte: ›Vertraust du mir so wenig, Petrus? Warum hast du gezweifelt?‹ Sie stiegen ins Boot, und der Sturm legte sich. Da fielen sie alle vor Jesus nieder und riefen: ›Du bist wirklich der Sohn Gottes!‹«
Matthäus 14,28-33

Simon Petrus war ein Ganz-oder-gar-nicht-Typ. Und Action war sein Element. Als die Jünger die geheimnisvolle Gestalt auf dem Wasser erkannten und feststellten, dass es Jesus und kein Geist war, verwandelte sich Simons Angst in Glauben. Und Aufregung. Und Entschlossenheit. Simon spürte ein leidenschaftliches Verlangen danach, dort zu sein, wo Jesus war – auch wenn das bedeutete, einem Sturm und hohen Wellen zu trotzen.

Und die anderen? Na ja, die blieben lieber, wo sie waren.

Genau das ist auch oft unser Problem. Wir haben es gern sicher und bequem. Wir sperren uns dagegen, Jesus zu folgen, weil uns die Optik nicht gefällt. Wir haben Angst, er könnte uns irgendwo hinschicken, wo wir nicht hinwollen, oder uns etwas auftragen, was wir nicht tun wollen. Womöglich sollen wir unseren Arbeitsplatz wechseln, ein Kind adoptieren, umziehen, eine Beziehung beenden oder als Missionar in ein fremdes Land gehen. (Hilfe!)

Es liegt in der Natur der Nachfolge, dass sie unser Leben aus der Bahn werfen kann. Wir wollen aber lieber die Kontrolle behalten und schön selbst den Ton angeben – gemäß unserem Stolz, unseren Leidenschaften und unseren Lieblingsbeschäftigungen. Wir klammern uns an Dinge, die uns das Gefühl geben, bequem und sicher zu sein. Ein bisschen wie ein Boot im Sturm. Das Problem ist nur, dass wir nicht gleichzeitig im Boot bleiben und auf dem Wasser gehen können.

Simon Petrus entschied sich dafür, das Boot zu verlassen. Und das Ergebnis veränderte den Lauf der Geschichte. Bis zu diesem Moment hatten die Jünger immer noch nicht ganz verstanden, was es bedeutet, dass Jesus der menschgewordene Gott ist. Aus Gründen, die nur mit unserer sturen menschlichen Natur zusammenhängen können, hatte selbst das Wunder mit den Broten und Fischen die Sache für sie noch nicht hundertprozentig geklärt.

> *»Er stieg zu ihnen ins Boot, und sogleich legte sich der Sturm. Da waren sie außer sich vor Entsetzen. Selbst nach dem Wunder mit den Broten hatten sie noch nicht begriffen, wer Jesus eigentlich war. Ihre Herzen waren für seine Botschaft immer noch verschlossen.«*
> *Markus 6,51-52*

Anscheinend waren die Heilung aller erdenklichen Krankheiten und Gebrechen (vgl. Matthäus 46,23), die übermenschliche Autorität (vgl. Markus 1,22; 6,2) und die Übertragung von Vollmacht auf die Jünger (vgl. Lukas 9,1) noch nicht ganz ausreichend. Offenbar mussten die Männer auch sehen, wie Jesus die Gesetze der Physik auf den Kopf stellte und das Wetter kontrollierte (mehr als einmal!), bevor die Augen ihrer Herzen wirklich sehen konnten, wer Jesus war und wozu er sie befähigen konnte. Aber nun waren sie dabei, es endlich zu kapieren. Und Simon Petrus reagierte, indem er einfach loslief – im Glauben daran, dass Jesus auch ihn übers Wasser gehen lassen würde.

Und genau das passierte. Doch als Simon seine Augen von Jesus abwandte, begann er zu sinken. So läuft das: Wir gehen unter, wenn wir uns auf die Umstände konzentrieren anstatt auf unseren Erlöser. Aber selbst das ist nicht wirklich ein Problem. Denn wenn wir Jesus leidenschaftlich folgen, ist er immer sofort zur Stelle, falls wir den Halt verlieren.

Das Entscheidende ist, dass Simon es wagte, aus dem Boot zu steigen. Er verließ die Komfortzone. Und das ist wichtig, wenn wir Teil der Action sein wollen. Denn wenn wir den Nichtschwimmerbereich verlassen und völlig abhängig von der Macht und den Plänen unseres Erlösers werden, dann geschehen großartige Dinge: Da teilt sich das Meer (vgl. 2. Mose 14), Riesen fallen (vgl. 1. Samuel 17), Löwen schnurren (vgl. Daniel 6), Armeen stehen von den Toten auf (vgl. Hesekiel 37). Und Gott zeigt sich durch das Leben derer, die er nach seinem Plan und Willen für ein neues Leben auserwählt hat (vgl. Römer 8,28).

Wir haben also nichts zu befürchten – egal, wie übel die Lage aussieht –, denn Jesus ist und bleibt bei uns. Und damit können wir aus dem Boot steigen und so leben, wie Gott es sich für uns wünscht. Wir brauchen nicht dem Druck oder den Versprechungen der Welt zu erliegen, sondern können mit völliger Hingabe leben und Jesus leidenschaftlich nachfolgen.

Gebetsfokus

Danke Gott dafür, dass er uns einlädt, voll mit dabei zu sein, wenn er großartige und unglaubliche Dinge tut. Danke ihm, dass er dich auf dem Wasser gehen lassen kann – was auch immer das gerade in deinem Leben bedeutet. Und danke ihm dafür, dass er treu ist, wenn du mutige Schritte wagst, und dass er dich auch in deinem Scheitern auffängt.

Die nächsten Schritte

- Inwiefern sitzt du gerade noch im Boot fest?
- Wo fordert Gott dich auf, voller Vertrauen auf ihn etwas zu wagen?
- Wie verändert das Wissen, dass auch Simon Petrus auf dem Wasser gehen konnte, die Art, wie du über »eigentlich unmögliche« Dinge denkst?

Tag 40

DAS HERZ DER GESCHICHTE

»›Habt keine Angst! Ich bin es doch, fürchtet euch nicht!‹ Er stieg zu ihnen ins Boot, und sogleich legte sich der Sturm. Da waren sie außer sich vor Entsetzen. Selbst nach dem Wunder mit den Broten hatten sie noch nicht begriffen, wer Jesus eigentlich war. Ihre Herzen waren für seine Botschaft immer noch verschlossen.«
Markus 6,50-52

Lass uns noch eine Runde drehen mit dieser Geschichte. Denn das Herzstück davon ist weder Jesus, der die Wellen beruhigt, nachdem er darauf gelaufen ist, noch ist es Simon Petrus, der aus dem Boot steigt – obwohl beides großartig und wichtig und unendlich relevant für uns ist. Im Mittelpunkt dieser Geschichte steht aber die Veränderung der Herzen. Diese Veränderung trat ein, nachdem sie gesehen hatten, wie Jesus der Schwerkraft und dem Wetter trotzte. Endlich waren sie so fassungslos, dass die Verhärtung ihrer Herzen aufgebrochen werden konnte.

Wie schon erwähnt, hatten sie auch zuvor schon oft Gelegenheit gehabt, von Jesus »umgehauen« zu werden. Alle zwölf waren Zeugen der Speisung der Fünftausend gewesen – eines der größten Wunder aller Zeiten. Und dennoch konnten sie nicht begreifen, was es bedeutete und wie unglaublich das Ganze war. Das Wunder war halb an ihnen vorbeigegangen, denn der Verstand kann nicht umgehauen werden, wenn das Herz dafür nicht offen ist.

Das sehen wir in der Bibel immer wieder. Der Zustand der Hartherzigkeit ist angeboren und äußert sich in einer Vielzahl von Varianten aus einer Vielzahl von Gründen. Hier mal ein paar grobe Kategorien:

1. das durch und durch böse harte Herz (siehe Pharao, Isebel oder Herodes der [nicht ganz so] Große),
2. das stolze, selbstgerechte harte Herz (siehe die Erbauer des Turms von Babel, König Nebukadnezar oder die Pharisäer),
3. das skeptische oder gleichgültige harte Herz (siehe so ziemlich jeder Mensch).

Unterschiedliche Arten von Hartherzigkeit, die aber eins gemeinsam haben: Die Menschen bleiben in ihrer Verstocktheit stecken, obwohl sie alles bekommen haben, was nötig ist, um glauben zu können. Und die Jünger gehörten – wie die meisten Menschen – eben auch dazu. Natürlich waren sie nicht böse oder selbstgerecht, aber sie waren skeptisch, obwohl sie eigentlich allen Grund gehabt hätten, das Gegenteil zu sein.

Aber ihre Herzen wurden voll und ganz empfänglich für die Wahrheit, als Jesus in dieser Nacht zu ihnen ins Boot stieg. Ihre Augen haben das Offensichtliche nicht übersehen, und ihre Ohren haben es nicht überhört. Endlich machte es klick: Wenn dieser brotvermehrende, übers Wasser wandernde Messias die Massen ernähren und die Wogen glätten kann, dann haben wir keinen Grund mehr, Angst zu haben. Oder skeptisch zu sein. Oder ungläubig. Denn es gibt nichts, was er nicht tun kann.

> *»Nach ihrer Überfahrt legten sie in Genezareth an. Als sie das Boot verließen, erkannten die Leute Jesus sofort. Von überall holten sie die Kranken, um sie auf ihren Tragen dahin zu bringen, wo sie Jesus gerade vermuteten. Wohin er auch immer kam, in den Dörfern, Städten und draußen auf den Höfen, trug man die Kranken auf die Plätze und Straßen. Die Kranken baten Jesus, wenigstens ein Stück seiner Kleidung berühren zu dürfen; und alle, die das taten, wurden gesund.«*
> *Markus 6,53-56*

Nach der Überfahrt war alles anders, denn sie hatten es nicht nur zur anderen Seite des Sees geschafft, sondern auch den

Unglauben hinter sich gelassen. Zum ersten Mal konnten sie Gottes Macht unbelastet von ihren eigenen Zweifeln erleben.

Sich von Gottes Macht, Autorität und Liebe erweichen zu lassen, ist das Herzstück und der Zweck jeder Geschichte über Jesus. Denn wenn uns der Kopf schwirrt und wir endlich erfassen, wer Jesus wirklich ist und was er tun kann, dann verblassen Unglaube, Zweifel und Angst. An ihre Stelle tritt ein festes Fundament des Glaubens, auf dem wir bis in die Ewigkeit stehen können.

Gebetsfokus

Bitte Gott um Vergebung für deine Hartherzigkeit, sei es Stolz, Selbstgerechtigkeit, Skepsis oder Unentschlossenheit. Bitte Jesus, dein Herz weich und empfänglich zu machen, damit du verstehen kannst, wer er wirklich ist. Danke ihm für seine Macht und Autorität über alle Dinge – auch in deinem Leben.

Die nächsten Schritte

- Fällt es dir beim Lesen der Bibel schwer, über die Dinge zu staunen, die Gott getan hat? Wenn ja, warum? Sind dir die Geschichten zu vertraut? Erscheinen sie unplausibel?

- Der Zweck jeder Geschichte ist es, unser Herz weich und empfänglich für Jesus zu machen. Welche Geschichten haben das bei dir am meisten bewirkt? Welche Geschichten haben dich so richtig umgehauen?
- Lies 2. Petrus 1,3-11 – und denk dran: Der Mann, der hier schreibt, ist derselbe, den Jesus auf dem Wasser gehen ließ. Was hat Jesus dir durch seinen Tod und seine Auferstehung ermöglicht? Inwiefern hast du alles, was du zum Glauben brauchst?

ÜBER DIE AUTOREN

Amanda Jenkins ist Rednerin und Autorin mehrerer Bücher. Ihr autobiografisches Buch *Confessions of a Raging Perfectionist* hat insbesondere im Bereich der Frauen-Bibelarbeit und bei Fachtagungen in den USA große Beachtung gefunden. Es ist ihr ein Herzensanliegen, über Authentizität im Glauben zu schreiben und zu lehren, so auch hier in diesem Andachtsbuch. Gemeinsam mit ihrem Mann Dallas und ihren vier Kindern lebt sie in Texas.

Kristen Hendricks ist Autorin, Künstlerin und Gründerin von *Small Girl Design*. Sie war als Geschäftsführerin einer Organisation gegen Menschenhandel in Ostafrika tätig, bevor sie anfing zu illustrieren (im wörtlichen Sinn), wie ein großer Gott durch ein kleines Mädchen (engl.: small girl) wirken kann – eine Erfahrung, die sie bereits während ihrer Arbeit in Afrika immer wieder machen durfte. Ihr besonderes Herzensanliegen ist es, Frauen zum Glauben an Jesus zu führen. Gemeinsam mit ihrem Mann Joe und ihren beiden Töchtern lebt sie in der Nähe von Chicago.

Dallas Jenkins ist der Produzent von *The Chosen*. Er ist seit über zwanzig Jahren als Regisseur tätig, ebenso als gefragter Redner, Blogger und Talk-Gast zu den Themen Popkultur und

Glauben. Er hat bereits mehr als ein Dutzend Filme produziert bzw. dabei Regie geführt, darunter *What if… Ein Himmlischer Plan* und *Die Auferstehung des Gavin Stone*. Der sensationelle Erfolg seiner Kurzfilme über die Evangelien aus einer neuen Perspektive gab den Anstoß zu seiner aktuellen Serie *The Chosen* und damit auch zu diesem Andachtsbuch, das er unter anderen gemeinsam mit seiner Frau Amanda schrieb.

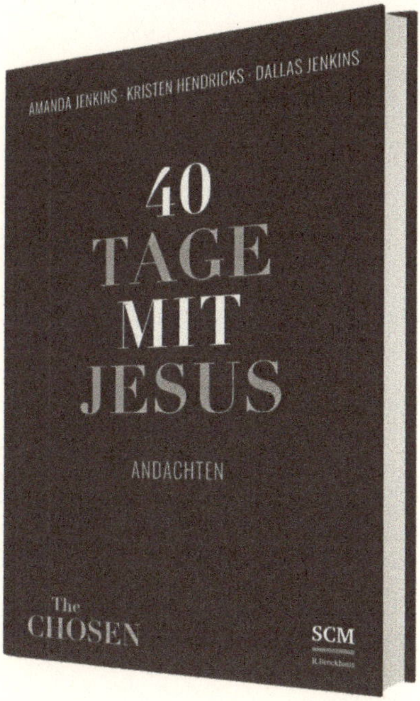
AMANDA JENKINS · KRISTEN HENDRICKS · DALLAS JENKINS
40
TAGE
MIT
JESUS
ANDACHTEN
The
CHOSEN
SCM
R.Brockhaus